초지능*Super Intelligence*

타고난 지능을 초월하여 궁극의 성장을 이룬 상태

타고난 지능을 초월하여
궁극의 발전을 이루는 5단계 성장론

초 지 능

1판 1쇄 펴낸날 2024년 4월 30일

지은이 장진우
펴낸이 나성원
펴낸곳 나비의활주로

책임편집 유지은
디자인 BIG WAVE

주소 서울시 성북구 아리랑로19길 86
전화 070-7643-7272
팩스 02-6499-0595
전자우편 butterflyrun@naver.com
출판등록 제2010-000138호
상표등록 제40-1362154호
ISBN 979-11-93110-28-7 03320

타고난 지능을 초월하여
궁극의 발전을 이루는 5단계 성장론

초지능

SUPER INTELLIGENCE

장진우 지음

나비의 활주로

서문 **초지능_** 타고난 지능을 초월하여
궁극의 성장을 이룬 상태

　나의 어린 시절은 가난하고 어려웠다. 부모님은 인천의 6평 남 짓한 다세대 주택에서 처음으로 독립적인 삶을 살게 되셨다. 어렸 을 때, 부모님은 자주 경제적인 문제로 다투셨다. 그럴 때면, 나와 여동생은 조그만 방구석에 앉아 서로를 의지하며 두려운 마음을 이겨내곤 했다. 친구의 생일날 선물을 사지 못해서 미안한 마음에 발걸음을 돌린 적도 있었고, 추운 겨울날 붕어빵을 너무 먹고 싶어 서 10번도 넘게 고민하다 겨우 사 먹었던 기억도 있다.

　'반드시 성공해서 경제적인 문제로는 더는 고통받고 싶지 않다' 는 생각에 치열하고 독하게 공부했다. '남들은 저렇게 머리가 뛰어 난데, 왜 나는 그러지 못하지'라는 의문을 품은 채 머리를 책상에

박아가면서 말이다. 수업을 들으면 무엇이 핵심인지 파악하지 못해서, 어떤 것을 적어야 할지 고민하다가 그 시간을 날리는 날도 허다했다. 그렇지만 포기하지 않았다. 점심시간에 모두가 밥 먹으러 나갈 때도, 남들이 모두 밥 먹고 돌아와서 놀고 있던 20분 동안 빠르게 점심을 먹고 자리로 돌아와서 다시 공부했다.

그렇게 1년을 죽어라 노력하자 성적은 믿을 수 없을 만큼 향상되었다. 중학교에 입학할 때 최하위권이었던 성적은 2학년이 되자 전교 6등까지 올라갔고, 3학년 1학기 중간고사에서는 전 과목 만점으로 전교 1등을 달성했다. 하지만 그러한 기쁨도 잠시, 고등학교에 올라가자 아버지의 건강이 악화하여 신장이식 수술을 해야하는 상황이 되었다. 아버지는 혹시 모를 죽음에 대비해 나에게한 통의 편지를 남겨주셨다. 아버지가 계신 병원으로 향하는 버스안에서 그 편지를 읽으며 흐르는 눈물을 멈출 수가 없었다. 아버지의 편지 뒤에는 '진우 너는 특별한 사람이니 반드시 크게 성공할수 있으리라 믿는다'라고 쓰여 있었다. 이를 계기로 한 번 더 반드시 성공해야겠다고 다짐했다.

대학교 생활은 전쟁과도 같았다. 매일 서울의 끝자락과 인천을 오가며 학생들을 가르치고, 그 돈으로 생활비와 월세를 충당했다.

편하게 도서관에 앉아 학과 공부를 하며, 친구들과 술잔을 기울이고, 미팅에 나가는 건 나에게는 사치였다. 제대로 밥 먹을 시간조차 없이, 시간을 쪼개서 생활하는 탓에 김밥과 샌드위치로 대부분의 끼니를 해결했다. 하지만 매일매일이 즐거웠다. 비록 돈은 없었지만 하고 싶은 공부를 찾아서 했기 때문이다. '어떻게 하면 평범하게 태어난 나도 성공할 수 있는가?' 이 질문에 대한 답을 찾기 위해서, 조금의 자투리 시간도 허용하지 않고 가능한 한 많은 책을 읽었다.

10년에 걸쳐서 1,000여 권이 넘는 책을 읽고, 성공한 CEO들과 각계각층의 지식인들을 만나서 이야기를 듣다 보니 어느덧 '어떻게 하면 평범한 사람도 성공할 수 있는가?'에 관한 원칙이 정립되어갔다. 그리고 이러한 원칙을 '초지능'이라고 명명하였다. 초지능의 원리를 활용하면서 내 운명도 점점 긍정적으로 변화하였다. 내가 성장하자, 주변 사람들도 달라졌다. 이제 이러한 성장과 변화의 과정을 '초지능을 통한 성장의 5단계'로 정립하여 과거를 벗어나 새로운 꿈을 꾸는 수많은 사람에게 전하고자 한다.

이 책에는 1만 시간 이상의 노력이 담긴 '성장'에 대한 노하우가 담겨있다. 10년이라는 시간 동안 '평범하게 태어나 특별한 삶을 살아가는 법'에 대해 치열하게 연구하고, 분석하며, 노력한 결과를 5단계로 정리하였다. 누구나 이 5단계를 따라간다면, 자신만의 성공적인 삶을 살아갈 수 있으리라 확신한다. 분명 그 과정은 쉽지 않을 것이다. 하지만 그 과정을 지나고 난 뒤에 얻는 기쁨은 그러한 어려움을 수십 배 이상 뛰어넘을 만큼 가치 있을 것이다.

당신은 이 땅에 특별한 가치와 소명을 가지고 태어났다. 이제는 그 가치와 소명을 찾아 즉시 행동할 때다. 당신의 특별함을 인식하고 삶이라는 무대의 주인공이 될 때, 당신의 인생은 더 나아지고 진정한 삶의 행복을 누리게 될 것이다.

세움영어 대표
장진우

7

CONTENTS

프롤로그
나만의 무대를 만드는 위대한 비밀

내 인생은 책을 읽으면서부터 극적으로 변하게 되었다. 책을 읽기 전과 책을 읽은 뒤의 내 모습은 상상할 수 없을 만큼 달라졌다. 책을 읽으니 관점이 달라지고 의식이 확장되었다. 의식이 확장되자 보이지 않던 기회도 보이기 시작했다. 나에게 주어진 기회를 찾기 위해 행동했고, 이를 지속하자 이는 습관이 되었다. 그러자 같은 생각을 하는 이들이 나타났고, 이들과 함께 더 넓게 영향력을 펼칠 수 있었으며, 더 큰 삶의 무대를 꿈꾸게 되었다.

다시 말해 평범했던 삶은 책을 읽으면서 특별해진 것이다. 붉은 장미가 가득한 꽃밭 위에서 하얀 장미로 다시 태어난 느낌이었다.

어렸을 때는 외교관이 되고 싶었다. 전 세계 정상들이 함께하는 외교 무대 위에서 대한민국을 대표하며 멋지게 영어로 이야기 하는 모습을 꿈꿨다. 하지만 점점 나이가 들면서 세상에는 영어를 정말 잘하는 사람이 많다는 사실을 깨닫게 되었다. 주변 사람들은 이 길이 쉽지 않다고 얘기했다. 돈이 없으면 집중해서 공부하기도 쉽지 않았다. 가장 저렴한 인터넷 강의를 듣고, 고시원에 살며 공부하는 것도 사치였다. 뉴스 기사도, 시험 합격률에 관한 자료들도 모두 이 길이 어렵다고 이야기하고 있었다. 그래서 다른 문과 학생들처럼 대기업, 공기업, 금융권 취업이나 고시 패스에 관한 길을 찾았다. 다른 선택이 없었기에 대학교 2학년이 되던 해에 군대에 입대했다.

군대에서 우연히 론다 번의 《시크릿Secret》을 읽게 되었다. 생각하는 힘이 얼마나 강력한지 보여주는 책이었다. 요점은 이러했다. 나는 우주에서 가장 강력한 자석이고, 내 생각은 모든 것을 끌어당긴다. 중요한 것은 '부정은 부정을 끌어당기고 긍정은 긍정을 끌어당긴다'는 사실이었다.

이를 알게 된 순간부터 생각을 변화하려고 훈련했다. 종이 위에 내가 하고 싶은 것들을 써 내려갔다. '내가 쓴 책 출간하기, 나만의 무대 위에서 강연하기, 나만의 회사를 설립하기, 한 달에 1,000만 원

벌기, 같은 꿈을 꿀 수 있는 사람과 결혼하기, 연예인처럼 멋지게 프로필 사진 촬영하기, 방송에 출연하기, 유명인처럼 인터뷰하기, 세계 정상들과 함께 무대에 서서 영어로 통역하기, 전 세계를 여행하기, 내 콘텐츠로 유튜브 영상 100개 만들기, 뮤지컬 무대에 서기, 영화에 출연하기…'와 같이 가슴을 뛰게 하는 모든 것들을 썼다.

하지만 사람들에게 이를 알리자 부정적인 반응에 부딪히게 되었다. '불가능'이라는 말로 내 꿈에 못을 박곤 했다. 하지만 이미 생각의 비밀을 알고 있었다. 부정은 부정을 끌어당긴다. 그래서 오직 긍정적인 생각만이 내 안에 자리 잡도록 훈련했다. 매일 흰 종이 위에 내가 정말 이루고 싶은 것들을 썼다. 이를 지갑에도 넣고 다니고, 벽에도 붙여두며, 큰 소리로 읽기도 하고, 나중에 이 모든 것을 다 이뤘을 때를 꿈꾸며 동영상을 촬영하기도 했다. 매일 내가 이루고 싶은 것들에 관해 생각했다. 밤에는 가슴이 두근거려서 잠이 안 올 정도였다.

결과는 놀라웠다. 군 생활 내내 250권이 넘는 책을 읽었고, 제대를 30일 앞둔 시점에 첫 번째 책이 출간되었으며, 이를 계기로 점점 용기와 자신감을 얻게 되었다. 작은 성취가 쌓이자 나 자신에 대한 신뢰도 쌓여갔다. 군이 대기업, 공기업, 금융권 취업이나 고

시 패스가 아니더라도 내가 돈을 벌고 성공할 수 있다는 생각이 싹
트게 되었다.

제대 후 군 생활 동안 모았던 50만 원을 가지고 사업을 하기로
결심했다. 처음 한 달 동안은 매일 아침 집 앞 스타벅스에 나가 책
을 읽는 게 전부였다. 학교도 졸업하지 않은 아들이 휴학한 채 돈
도 벌지 못하고 쓸데없는 일을 하는 것처럼 보이자 부모님께서도
걱정하셨다. 부모님께 내가 가진 꿈을 끊임없이 설명했지만 혼란
스럽긴 했다.

그래서 일단 내가 가장 잘하는 '영어를 가르치는 일'부터 시도하
기로 했다. 생각만 하다가는 두려움에 아무것도 시도하지 못할 수
있겠다 싶었다. 1톤의 생각보다 1그램의 행동이 중요하다는 사실
을 깨달았다. 학생들에게 영어를 가르치기 위해 교육 프로그램을
짜고, 전단을 만들어서 아파트를 돌아다니면서 붙였다. 매일 새벽
6시에 일어나 학생들의 등굣길에 나눠주기도 했다. 아파트 경비
아저씨에게 잡상인으로 취급받고 붙였던 전단을 다시 떼러 다니
기도 했고, 학교 앞 경비 아저씨에게 쫓겨나기도 했다. 그래도 포
기하지 않았다.

친구들은 '외고를 졸업하고 고대를 다니면서 그게 뭐 하는 짓이

냐라고 걱정 어린 시선으로 바라보았다. 아파트에 전단을 붙이자마자 바로 전화가 와서 설레고 두근거리는 마음으로 받았더니 어디 쓰레기를 붙이냐고, 어린놈이 창피한 줄 알라는 말을 듣거나 학원 강사하려고 그렇게 공부했냐고 비아냥거리는 친구도 있었다.

나는 이런 소리를 들어도 괜찮았지만 어머니가 모임에서 이런 소리를 듣고 오셔서 나에게 걱정을 토로하실 때는 정말 가슴이 아팠다. 하지만 이런 상황에 굴하지 않고 보란 듯이 성공하겠다고 다짐했다. 노력 덕분인지 학생들이 1명, 2명 모이게 되었다. '목숨 걸고 수업한다'가 이때 내가 가진 유일한 수업 목표였다.

몇 달이 지나자, 저녁 6시부터 새벽 1시까지 일주일의 모든 시간이 영어 과외 수업으로 가득 찼다. 내가 학생 1명당 한 달에 80만 원을 얘기해도, 100만 원을 얘기해도 하겠다는 이들이 생겨났다.

이때부터는 내가 돈을 통제하게 되었다. 돈에 끌려다니다가 돈을 이끌어내게 되었다. 군대에서 흰 종이 위에 적었던 월 1,000만 원도 이때 달성했다. 더는 돈이 필요 없을 때까지 일했다. 돈이 있어도 도저히 쓸 수 없는 상태까지 된 것이다.

이 상태가 되자 자유는 사라졌고 행복감도 들지 않았다. 새벽 2시에 집에 들어와서 아침 10시가 넘어서 일어나는 생활이 지속되다 보니, 가족들 얼굴을 볼 수조차 없었다. 그러는 사이 동생이 중국 교환학생 프로그램에 합격해서 그곳에서의 생활비를 벌기 위해 무리하게 3개의 아르바이트를 동시에 하다가 쓰러졌다. 그런데 너무 바쁘고 정신 없이 지내다 보니 동생이 병원에 실려 간 사실조차 알 수 없을 정도였다. 뒤늦게 병원에 찾아가 너무 무리해서 눈에 핏줄이 다 터진 동생을 보자 눈물이 났다. 돈이 뭐기에 이렇게 삶을 힘들게 만들까 싶었다.

더는 돈에 쫓기는 삶을 살고 싶지 않았다. 이때부터 돈을 벗어나 새로운 가치를 추구하게 되었는데, 지금 운영 중인 '세움영어'라는 이름은 이때 지었다. '교육으로 세상을 바로 세우다'라는 사명을 가지고 상위 1퍼센트 극상위권과 최상위권 학생들에게만 제공되던 오프라인 강의를 온라인 강의로 제작해서 모든 학생들이 볼 수 있도록 세움영어 유튜브 채널에 업로드했다.

이를 통해 자연스럽게 더 많은 학생들에게 세움영어가 알려지게 되었고 군대에서 꿈꿨던 꿈들을 이뤄나가는데도 가속도가 붙었다.

당시 영어 문법을 어려워하는 학생들을 위해 1,2등급이 아닌 3등급부터 9등급까지 학생들을 대상으로 책을 썼다. 지금까지 나의 활

동을 봐오셨던 크라우드 펀딩 회사 와디즈Wadiz의 최동철 이사님
이 펀딩을 통한 책 출간 기회를 주셨다. 이러한 기회를 바탕으로 책
에 들어갈 사진을 촬영하기 위해 유명 연예인의 사진 촬영을 담당
했던 사진작가와 함께 프로필 사진도 촬영하게 되었다.

크라우드 펀딩을 진행하면서 알게 된 분들 덕분에 한국 카리브
고위급 포럼에서 세인트키츠네비스 국가 외교 차관을 수행 통역
할 수 있는 기회도 생겼다. 현대카드 시티브레이크 락 페스티벌에
서 팬이었던 가수 펜타토닉스의 수행 통역을 하며 무대 바로 뒤에
서 공연을 지켜보는 경험도 했다.

이러한 과정에서 쌓인 노하우를 바탕으로 2017년 출간한《지식
을 돈으로 바꾸는 기술》이 출간과 동시에 네이버 베스트셀러에 오
르며, 태국에서 번역 출간되는 등 많은 독자의 사랑을 받았다.

젊은 열정으로 써 내려간 책이 갑자기 많은 사람들의 과분한 관
심을 받고 나니 정신이 번쩍 들었다. 기쁜 마음도 있었지만, 한편
으로는 부정확하거나 잘못된 지식을 전달하는 것에 대한 두려움
도 컸다. 이후 독자분들에게 더 정확하고 제대로 된 지식을 전하
기 위해 마케팅과 브랜딩 분야의 전문성을 높이기 위해 공부했다.
그 결과, 국내에서는 115번째로 미국 마케팅 협회AMA의 국제 공인

마케팅 전문가PCM®로 등재되었다.

출간된 책이 베스트셀러가 되면서 방송에 출연할 기회도 얻었고, 전국의 수많은 중·고등 학생과 소통하며 강연도 하게 되었다. 온라인과 오프라인 영어 교육을 통해 상위 1퍼센트 극상위권과 최상위권 학생들을 가르쳤으며, 청년 스타트업 대표들의 마케팅과 브랜딩 컨설팅도 진행하게 되었다. 하지만 하는 일이 많아질수록 오히려 삶이 혼란스러워지게 되었다. 할 수 있는 일의 범위가 넓어지다 보니 정체성에 혼란이 오게 된 것이다.

그래서 다시 본질로 돌아가자고 마음먹었다. 내가 가장 잘하는 것과 내가 가장 좋아하는 것의 키워드는 '영어'와 '성장'이었다. 이 2가지 키워드에 관해 오랫동안 깊은 고민 끝에 나에게 주어진 사명이 '영어 교육을 통해 대한민국을 이끌 다음 세대를 키우는 것'이라는 사실을 깨달았다.

이 땅에 태어난 거룩한 사명을 깨닫고 나서 2020년, 잠실학원사거리에서 4명 정원의 작은 학원을 열었다. 학원 창업과 함께 찾아온 코로나19로 극심한 고통과 힘든 나날을 보냈지만, 매년 상위 1퍼센트 극상위권과 최상위권 학생들을 배출하면서 전국에서 찾아오는 수강생들로 시즌마다 수강 신청 시작 후 3분 만에 전 타임 마감

되는 SKY/의치대 전문관으로 성장하게 되었다. 이는 오로지 정도(正道)를 걷는 마음으로 내 삶에 주어진 거룩한 사명을 묵묵히 감당한 결과다.

지금 되돌아보니 군대에서 종이 위에 썼던 꿈의 90퍼센트는 현실로 이루어졌다. 이루지 못한 10퍼센트의 꿈 때문에 내가 실망했을까. 당연히 아니다. 흰 종이에 적었던 90퍼센트의 꿈을 이뤄내면서 생각하는 힘의 강력함을 더욱더 온 삶으로 증명하고 싶어졌다. 지금은 나와 같은 꿈을 꾸며 자신만의 인생 무대를 만들어가는 사람들과 함께 일하고 있다.

여전히 종이 위에 나의 꿈을 적는다. 벽에 붙여놓고, 지갑에 넣어두며, 사람들에게 알리는 것도 똑같다. 예전과 달라진 점이 있다면 더는 사람들이 '불가능'할 것이라고 말하지 않는다는 것이다.

지금도 새로운 꿈을 꾸고 있다. 모두가 가는 길이 아니라, 자신만의 길을 개척하는 사람들을 도와주고 성장시키는 일을 하고 싶다는 꿈이다. 꿈과 열정이 있지만 방법을 모르는 수많은 젊은 친구들에게 내가 가진 지식과 경험을 알려주고, 이들과 함께 성장하는 공동체를 만들고 싶다. 이 꿈이 반드시 이뤄질 것을 믿는다.

이 책에 담긴 모든 노하우는 경험과 읽었던 책들, 수많은 사람들의 이야기를 바탕으로 만들어졌다. 5가지로 정립된 성공의 비밀이 자신만의 삶을 꿈꾸는 당신을 성공의 길로 올려놓을 것이다. '당신은 특별한 소명을 가지고 태어났다'는 사실을 잊어서는 안 된다. 우리에게는 모두 새로운 세상을 창조할 만한 강력한 힘이 있다.

"자기 자신을 믿는 순간, 어떻게 살 것인지 알게 될 것이다."
-요한 볼프강 폰 괴테

Chapter 1

인지

닫힌 마음의 문이
인간을 망치는 이유

　지금부터 '성장'에 관한 이야기를 하고자 한다. 사람은 누구나 성장하고 싶은 욕구가 있다. 영어를 잘하기 위해서 학원에 다닌다. 부자가 되기 위해서 강의를 듣고, 크몽에서 전자책을 구매한다. 네이버 스마트스토어로 큰돈을 벌 수 있다는 얘기를 들으면, 〈클래스 101〉에서 강의를 찾아서 듣고, 교보문고에서 베스트셀러를 구매해서 몇 권 읽어본다. 〈너나위〉 같은 부동산 투자 전문가들을 따라서 주말마다 임장을 다니고, 퇴근하면 주식으로 큰돈을 번 사람의 유튜브 영상을 빠짐없이 본다. 하지만 이 중에서 정말로 인생이 바뀌고 성장하는 사람은 극소수에 불과하다.

　왜 그럴까? 이 점이 항상 의문이었다. 책, 영상, 콘텐츠가 주변에 널려있다. 당장 도서관에만 가도 내가 원하는 분야의 책을 마음껏 볼 수 있다. 누구나 영어를 잘할 수 있는 방법을 알 수 있고 (심지어 다 알고 있다), 8,000억 대 자산가인 김승호 회장이 직접 자신의 모든 부에 관한 지식을 알려주는 세상에 살고 있다. 그럼에도 왜 항상 변하는 사람들은 극소수일까.

진화 심리학에 관한 책을 읽으면서 이 질문에 대한 대답을 찾을 수 있었다. 과거 원시시대에는 경쟁에서 패배하고, 신체적으로 나약한 개체는 종족 번식에 실패했다. 그들은 새로운 것에 도전하고 성공해서 자신의 생존과 번식의 욕망을 실현하고 싶었지만, 결국 실패한 것이다. 이때 뇌는 이들에게 좌절된 목표로 인해 상처받지 않도록 자기 합리화를 하도록 만들었다.

'괜찮아. 어차피 저거 먹어봤자 신 포도였을 거야(합리화).'
'(지금도) 괜찮아, 고층 아파트에 살면 관리비만 많이 나올 거야.'
'(지금도) 괜찮아, 외제차를 타면 유지비만 많이 나올 거야.'
'(지금도) 괜찮아, 돈이 많으면 오히려 괴로울 거야.'

사람들은 자신이 도달하는 데 실패한 목표를 누군가 성취하면

'열등감과 질투심'을 느낀다. 그러고 나서 자신의 부족함은 보지 못한 채 다른 사람의 성취를 깎아내리며 내 마음이 편해지도록 합리화한다. 나는 이를 '마음의 빗장'이라고 부른다. 문제는 이렇게 마음에 빗장이 걸려있으면 성장은 시작되지 못한다.

> 마음의 빗장 = 열등감과 질투심 때문에 내 부족한 부분을
> 인정하지 않고 합리화하는 마음

아래의 문장을 읽어보자.

"그 사람, 월 1,000만 원씩 번다며? 그건 다단계이거나 사기일 거야."

"그 친구가 서울에 아파트 샀다고? 그거 분명 부모님께 물려받았을 거야."

"걔, 요즘 벤츠 타고 다닌다고? 로또 같은 거 당첨된 것 아니냐. 걔가 무슨 능력이 있다고."

이는 다름 아닌 돈이 없고, 가난했던 시절 내가 했던 말이다. 지금 생각해 보면 나 자신이 너무 불쌍하고 안타깝다. 하지만 그 당시에는 이렇게 말하지 않으면 내 정신이 버틸 수 없을 정도로 삶이

비참했다. 나는 집도 차도 없고 가난한 강사인데 친구들은 삼성, 현대, SK와 같은 대기업에 다니거나 의사, 변호사와 같은 전문직으로 일하고 있었다. 그 당시 그 친구들을 보며 내 마음을 지킬 수 있는 유일한 방법이 이러한 '합리화'였다.

이렇게 합리화하고 나면 내 열등감과 질투심의 뜨거운 온도가 차갑게 내려가는 기분이 들었다. 그러나 내 마음은 편해졌을지언정, 성공한 사람들에게 배울 수많은 기회를 놓치고 있었다. 성장의 동력이 상실되고, '우리 집은 왜 부자가 아닐까', '세상에 아파트가 이렇게 많은데 왜 내 집 하나 없을까'라고 생각하면서 부모님 탓, 남 탓, 세상 탓만 하기 일쑤였다. 정말 못났던 시절이었다.

성장하기 위해서는 조금 고통스럽지만 내 삶에 관한 객관적 인식이 필요하다. 그리고 부족한 부분을 인정해야 한다. 성장은 바로 거기서부터 시작된다.

'나는 돈도 없고, 차도 없으며, 집도 없다. 하지만 나는 영어를 잘 가르칠 수 있고, 성장에 대한 욕구가 있으며, 공부를 잘한다.'

이렇게 마음의 빗장을 열고 부족한 부분과 잘하는 부분을 인정했다. 그랬더니 바로 이 지점부터 성장이 일어났다. 만약 누구보다 여자나 돈을 좋아함에도 불구하고 그걸 인정하는 순간 아무것도 소유하지 않은 내 삶이 부정당하는 느낌이 들어서 '나는 돈이 싫어', '나는 여자들을 싫어해'라고 말한다면, 돈을 벌고 여자를 만날 수 있는 길은 차단된다. 조금 고통스럽지만, 자신의 부족한 점을 냉철하게 인식하고 인정해야 한다. 바로 그곳이 성장의 시작점이다.

이와 반대로 자신만이 세상에서 제일 똑똑하고, 우월하다고 믿는 이들도 성장하기가 쉽지 않다. 세상을 바라보는 시야가 좁으면 좁을수록 자만심이 생기고, 이러한 자만심은 타인의 생각을 받아들일 수 없도록, 자신만의 생각이 옳다고 믿도록 만든다.

이를 인정하지 않으면 점차 자신만의 생각이 고착된다. 또한 유연하게 생각하지 못하고 자신과 의견이 다른 사람을 적으로 돌려 결국 꼰대가 되어버린다. 명절 때마다 정치 견해가 다른 어른들이 서로 싸우는 모습을 본 적이 있는 사람은 알 것이다. 세상에서 책을 단 한 권만 읽은 사람의 목소리가 가장 크다. 나는 이를 '마음의 팔짱'이라고 부른다. 실제로 팔짱을 끼고 있는 것은 아니지만(실제로 팔짱을 끼고 다른 사람의 말을 듣는 사람은 마음의 문이 닫혀있는 상태이다), 마음에서 도무지 다른 사람의 말을 들으려고 하지 않는다. 당연히 성장도 일어나기 어렵다. 이는 자신만의 생각이 옳다는 편향적 사고가 만들어낸 결과물이다. 이제 아래의 문장을 읽어보자.

"내가 주식투자해 보니까 그것으로는 절대 돈 못 벌어. 그냥 저축하는 게 제일 안전해."

"내가 부동산을 좀 아는데 지금은 부동산 살 때가 아니야. 우선 월세로 좀 더 살아봐."

"사업 그거 내가 해봤는데 그냥 직장 다니는 게 나아. 괜히 모아 놓은 돈 날리지 마."

이는 내가 돈이 없고 가난했을 때, 나를 불쌍하게 여기는 사람들이 해줬던 말이다. 많은 사람이 이렇게 자신만의 좁고 편협한 시각에 갇혀서 세상을 살아간다. 자신만의 생각이 옳다고 확신하며, 다른 사람도 자신의 편향된 생각에 맞춰서 살아가기를 원한다. 그렇지 않으면 자신이 살아온 인생을 부정당하는 느낌이 들게 된다. 이렇게 마음의 팔짱이 단단히 껴있다면 성장은 일어나기 어렵다.

마음의 팔짱 = 본인의 부족함은 인정하지 않고, 본인의 생각만이 옳다고 생각하는 마음

다시 처음의 질문으로 돌아가 보자. 영어, 공부, 주식, 부동산,

돈, 성장을 위한 모든 콘텐츠가 주변에 널려있다. 그런데도 성장이 일어나지 않는 이유는 사람들이 '열등감과 질투심'이라는 마음의 빗장을 걸고 자신의 삶을 합리화하면서 살아가거나 '자만심'이라는 마음의 팔짱을 끼고 좁고 편협한 시야 속에서 살아가기 때문이다. 이렇게 마음의 문이 닫혀있는 상태에서는 아무리 좋은 이야기도 한 귀로 듣고 한 귀로 흘리게 된다.

성장을 위해서는 처음에는 조금 고통스럽더라도 내 마음의 빗장이 걸려있는 것은 아닌지, 마음의 팔짱을 끼고 세상을 바라보는 것은 아닌지 객관적으로 인식하며, 자신의 부족한 부분을 철저하게 인정해야 한다. 이렇게 자신의 부족한 부분을 인정하는 순간부터 진짜 성장이 이루어질 수 있다.

나는 2017년, 25세인 대학교 2학년 때 남들보다 조금 일찍 결혼했다. 돈도 없고 차도 없는 가난한 강사였지만 사랑하는 사람이 있었으니까. 오직 사랑 하나만 보고 결혼을 한 결과, 6년간 5번이 넘게 서울의 월셋집을 전전하면서 살았다. 부모님으로부터 물려받은 것 없이 결혼생활을 시작했기에 정말 힘든 순간들이 많았다.

어느 날은 아내와 함께 밤길을 터벅터벅 산책하다가 '세상에 이렇게 수많은 아파트가 있는데 왜 여기에 내 집 하나 없을까?'라고 생각하면서 집 없는 서러움을 마음이 찌르르 울릴 정도로 강하게 느끼기도 했다. 그때마다 내 마음은 나에게 이렇게 합리화하도록 했다.

'내가 부모로부터 물려받은 게 없어서 이렇게 비참하고 거지 같은 삶을 살고 있는 거야. 부모님으로부터 서울의 비싼 아파트도 물려받고, 재산도 물려받는 사람들이 너무 부럽다. 왜 이렇게 내 삶은 우울할까. 이번 생에는 절대 서울에 아파트를 살 수 없을 거야.'

지금 돌이켜보면 당시 내 마음은 내가 안전지대를 벗어나지 않기를 간절히 바랐다. 새로운 꿈을 꾸지 않고 지금과 같이 평범한 삶을 그럭저럭 살아가면서 도전하지 않기를 원했다. 그게 안전하다고 느끼기 때문이다. 하지만 진짜 성장을 이루려면 자신이 부족한 부분을 철저하게 인정하고, 이러한 안전지대에서 벗어나야 한다. 지금부터는 그러던 내가 어떻게 성장하게 되었는지 담담하게 이야기해 보려고 한다. 진솔한 나의 이야기를 통해 독자분들이 마음 문을 여시길 진심으로 바란다.

내 주민등록증 뒷면을 보면 지난 6년간 5번이 넘게 이사를 한 흔적이 남아있다. 결혼하고 나서도 6년간 오피스텔과 빌라 원룸에서 월세를 전전하며 살았다. 하지만 정말로 내 집이 갖고 싶었고, 나와 아내를 닮은 아이를 키우고 싶었다. 하지만 나는 부족한 게 많은 사람이었다. 꿈과 목표는 컸지만, 그 목표에 다가서는 방법은 하나도 알지 못했다.

이를 인정하고 나서 객관적으로 삶을 돌아보니 나에게 부족한 것은 '돈을 버는 능력'이었다. 이를 철저하게 인정하고 부족한 부분을 채우기 위해 정말 많은 책을 읽었다. 강의를 들을 돈도 없고, 부자를 만날 인맥도 없었기에 독서야말로 부족한 부분을 채울 수 있는 유일한 해결책이었다.

책을 읽으면서 내 마음이 '주식은 패가망신의 지름길이야', '돈도 없는데 무슨 부동산이냐' '그때니까 성공했지. 지금은 불가능해'라고 말할 때도 최대한 나의 편향된 생각을 깨뜨리고, 책에서 배운 내용을 온전히 삶에 적용하고 흡수하려고 노력했다. 부족함을 인정하고, 마음을 열고나니 놀랍게도 책에서 가르쳐 준 내용을 하나씩 삶에 적용할 수 있었다. 진짜 성장이 시작되는 순간이었다. 책을 읽으며 저자들의 지식을 흰 도화지 위의 물감처럼 빨아들이고, 그들의 노하우를 스펀지처럼 흡수했다. 오직 나만의 성장을 위한 영양분을 공급받게 되었다.

그렇게 수많은 책을 읽으며 조금씩 달라져갔다. 책을 읽으면서 깨달은 것을 삶에 적용하면서 많은 성장이 일어났고, 이러한 과정을 글로 담아 결국 책을 쓰게 되었다. 그 결과 군대를 제대하면서부터 10년 동안 총 11권의 책을 출간했다. 1권의 책을 쓰기 위해서 약 100권의 책을 읽는 것을 감안하면 지난 10년간 대략 1,000권의 책을 읽은 셈이다.

통장에 0원이 찍힌 적이 너무 많았고(정말로 문자 그대로 0원이 찍혔다), 출간한 책이 잘 팔리지 않으면 월세를 낼 수 없었기에 어쩔 수 없이 책을 읽으며 마케팅을 배웠다. 마케팅 대행사에 맡길 돈이 없었다. 내가 부족한 부분을 인정하고, 편향된 생각 없이 책을 통해 배운 내용의 마케팅을 실행하면서 여러 권의 책을 네이버 베스트셀러에 올릴 수 있었다.

생활비를 벌기 위해서 과외도 했었고, 1명 1명 치열하게 가르치다 보니 과외로 가르치던 학생들이 상위 1퍼센트 극상위권이 되었으며, SKY/의치대에 합격하면서 입소문이 났다. 차도 없이 하루에 6명씩 과외를 하면서 이동하는 중에 김밥을 먹고, 잠시 눈을 붙이다가 집에 오면 쓰러져서 잠드는 생활을 반복했다. 이렇게 10년을 치열하게 살았다.

그동안 모은 돈을 전부 투자해서 2020년 3월, 잠실 학원 사거리에 상위 1퍼센트 프리미엄 수능 영어 전문학원 세움영어를 설립했다.

하지만 코로나19로 직격탄을 맞아서 2021년까지 오프라인 수업을 못 하는 날이 너무 많았다. 코로나19가 발생했던 2년간 집 월세와 학원 월세, 직원들 급여와 생활비까지 빠져나가고 나면 정말 돈이 없어서 계란과 김치로만 밥을 먹었던 시기도 있었다.

아내는 생활비를 벌기 위해 서울에서 청라까지 버스와 지하철을 타고 2시간 30분이 넘는 거리를 캐리어를 끌고 다니며 문화센터에서 수업했고, 다시 서울로 돌아와서 늦은 밤 서울의 아파트를 돌아다니며 방문 음악 교습을 다녔다. 이렇게 또 2년을 치열하게 살았다.

하지만 좌절하지 않았다. 코로나19로 인해 힘들었던 2년간 더욱 치열하게 책을 읽었다. 이렇듯 고난이 닥치면 책을 읽으며 성장의 계기로 삼았다. 그때 읽은 책이 《부자의 그릇》이었다. 이 책을 읽으며 다시 한번 내 그릇이 부족함을 깨달았다. 그래서 코로나19를 탓하기보다는 내 작은 그릇을 넓히기 위해 노력했다. 최대한 생각을 올바른 방향으로 이끌고, 뇌를 최적화하려고 노력했다. 그 결과 학원은 눈부시게 발전해 나갔다.

오픈 시 막막하기만 했던 학원은 매년 빠르게 성장을 거듭했고, 2022년 1월, 드디어 학원을 창업하면서 꿈꿨던 '전 타임 마감'을 이루어 최고치 매출액을 달성했다.

이는 꿈의 숫자였고, 악착같이 아끼면서 버는 돈의 대부분을 미국 주식에 투자하며 높은 수익률을 달성했다. 그리고 이를 전부 현금화해서 아파트에 투자했다. 정말 이를 악물고 돈을 모은 덕분에 인천 연수구에 실거주용 아파트 한 채를 매수했고, 인테리어 공사도 마칠 수 있었다. 처음 입주한 날 아내와 함께 기쁨의 환호성을 지르며 파티했던 기억이 아직도 생생하다.

이후에도 지속해서 주식에 투자해서 목표 수익률을 달성하면 현금화해서 순차적으로 아파트를 매수했고, 이렇게 총 3채의 아파트를 소유하게 되었다. 이와 함께 꿈에 그리던 벤츠를 전액 현금으로 구매했다.

현재 운영 중인 세움영어 학원은 매년 상위 1퍼센트 극상위권과 SKY/의치대 합격생을 배출하는 프리미엄 수능 영어 전문학원이 되었다. 언어로 정립한 브랜드 약속이 실제 현실에서 힘을 발휘하게 된 것이다.

만약 나의 삶의 이야기를 공개하지 않았다면 아직도 이 책을 읽으면서 '원래 집안이 좋은 금수저 얘기겠지' '나와는 다르게 머리가 좋으니까 가능했을 거야' '내가 책 좀 읽어봤는데 바뀌는 건 없던데'라고 합리화하면서 그냥 책을 덮어버리는 독자분이 계실지도 모르겠다.

만약 쉽게 포기해 버리는 이라면 자신이 책을 읽고 깨달은 내용을 단 한 번도 실천해 본 적이 없다는 사실을 인정하지 않는다. 마음이 상처 입는 것을 두려워한 나머지 아주 단단하게 마음의 문이 닫혀있기 때문이다. 이렇게 닫혀있는 마음의 문은 자신을 가난에 붙들어두고, 건강하지 못한 몸을 유지하게 만들며, 자신의 부족한 점을 객관적으로 보지 못하게 해버린다.

그러니 먼저 자신의 부족함부터 인정해야 한다. 예를 들어 매일 퇴근하면 소파에 누워서 휴대폰만 들여다보고 있다면, 자신이 게으름에서 벗어나지 못하고 있음을 인정해야 한다. 조금 고통스럽지만, 그래야 변화도 성장도 가능해진다. 마음의 빗장을 걸고, 마음의 팔짱을 낀 상태에서는 절대 성장이 이루어질 수 없다.

나는 '대한민국을 이끌 다음 세대를 성장시킨다'는 거룩한 사명을 가지고 이 책을 썼다. '내 딸에게 전해줄 이야기'라고 생각하면서 온 마음을 다해 한 글자 한 글자를 노트북 위에 써 내려갔다. 진심으로 여러분도 부족한 부분을 인정하며, 이를 통해 성장했으면 좋겠다. 그래서 이 책에서 제시한 성장의 5단계를 통해 꿈을 이룬 수많은 젊은 청년들을 만날 수 있기를 바란다.

그러므로 이제부터는 친구의 얘기를 듣다가 '진짜 걔가 월 1,000만 원씩 번다고?'라는 말과 함께 질투심과 열등감이 느껴진다면, 잠시 자신의 내면을 바라보고 마음의 빗장이 닫히고 있다는 사실을 깨달아야 한다. 그리고 자신이 질투하고 열등감을 느낀다는 사실을 인정하고, 어떻게 그 친구가 월에 1,000만 원씩 벌 수 있는지 한 번 귀를 기울여서 들어보아야 한다. 자신이 현재 월 1,000만 원씩 벌고 있지 못하다면, 그 친구보다 그릇이 작은 것이고 내 부족함을 인정하고 배우려고 노력해야 한다. 이렇게 생각을 올바른 방향으로 이끌어야 뇌를 최적화할 수 있다.

반복적으로 이렇게 마음을 훈련하다 보면 나에게 열등감과 질투심을 불러일으키는 누군가를 만났을 때 오히려 기쁜 마음이 생긴다. 내가 부족한 부분을 인정하고, 그 사람의 지식과 노하우를 배웠을 때 엄청난 성장을 이룰 수 있기 때문이다. 만약 누군가 "아, 국산 차를 타시네요." "아, 85제곱미터 이하의 작은 집에 사시네요." "아, 월 백 단위로 버시는구나"라고 비아냥거렸다면 난 오히려 반갑다. 이렇게 나를 자극해 주면 내가 성장할 수 있는 에너지가 폭발적으로 증가하기 때문이다. 만약 A라는 사람을 보고 질투심과 열등감이 느껴졌으면 마치 게임 캐릭터를 분석하듯 엑셀에 그 사람의 사진을 넣고 능력치를 분석한다. 나의 기준은 크게 5가지다.

- 매달 얼마나 돈을 버는가? 회사 규모는 얼마나 되는가?
  직원은 몇 명이나 있는가?
- 체력은 좋은가? 일주일에 몇 번이나 운동하는가? 한다
  면 어떤 운동을 하는가?
- 외모는 잘생겼는가? 피부가 좋은가? 눈이 매력적인가?
  옷을 잘 입는가?
- 무슨 차를 타는가? 벤츠인가? 포르쉐인가? 벤틀리인가?
- 집은 어디에 사는가? 서울 강남인가? 서울 강북인가?
  수도권인가? 지방 어디인가?

이렇게 5가지의 기준을 정리해서 최대한 그 사람에 대한 정보를 수집한다. 내가 '열등감과 질투심을 느꼈다'는 것은 이 5가지 기준에서 나보다 뛰어난 것이 반드시 있다는 것이고, 그렇다면 그것

을 목표로 또 한 번 성장하기 위해서 노력할 수 있게 된다.

재미있는 사실은 이렇게 경쟁자를 분석하고 뛰어넘기 위해 노력하면 가까운 미래에 뛰어넘을 확률이 확연히 높아진다. 물론 뛰어넘기 위해서는 나의 모든 생각을 내려놓고, 그 사람의 모든 것을 배우려는 노력이 필요하다. 마치 흰 도화지가 물감을 빨아들이고, 스펀지가 물을 흡수하듯이 그 사람의 지식과 노하우를 있는 그대로 배우려고 노력해야 한다. 한 번 이렇게 성장을 이루게 되면 그를 다시 만날 때가 되었을 때 더 이상 질투심이나 열등감이 느껴지지 않게 된다.

마음의 빗장과 마찬가지로 누가 부동산으로 돈 벌었다는 얘기를 들었을 때, '부동산으로 돈 버는 놈들은 다 망할 거야. 집값이 금방 폭락할 거니까'라는 생각이 든다면, 현재 아주 굳게 마음의 팔짱을 낀 상태라고 볼 수 있다. 자만심이 가득하다는 뜻이다. 그 사람이 어떻게 부동산으로 돈을 벌게 되었는지, 그 돈을 벌기 위해 어떤 노력을 했는지 들어보고 배울 점이 있다면 배우려고 노력하는 게 맞다. 일단 이야기를 듣고 나서 가치가 없다고 판단되면 그때 무시해도 된다.

주위를 둘러보면 어린 시절 영재 소리를 들으며 명문대에 합격했던 사람이 사회에 나가서는 별 볼 일 없이 살아가는 경우가 많다. 술만 마시면 매번 '내가 서울대 출신이니까 말인데…'라는 레퍼토리로 얘기할 뿐 그 사실말고는 자랑할 게 없는, 성장 없는 삶을 이어간다. 자신이 너무 똑똑하다고 자만했기에 다른 사람의 말은 듣지도 않고 자기의 의견만 고집한다. 지독한 마음의 팔짱(자만심)이 그를 사회의 꼰대로 만들고, 앞으로 나아가지 못하도록 강력하게 붙잡는다.

나는 이렇게 마음의 팔짱을 끼고 세상을 좁고 편협하게 바라보는 사람들을 '꼰대'라고 부른다. 이런 이들은 다른 사람의 의견을 받아들이지 못하고 대부분 자기주장만 고집하는 모습을 보인다. 그들은 항상 '남 탓' '사회 탓' '잘난 사람에 대해 험담하거나 악플 달기' 외에는 할 줄 아는 게 없다. 본인 스스로 이러한 문제점을 깨닫지 못하면 결코 성장할 수 없다. 역설적으로 본인이 수많은 결점을 지닌 사람이라는 것을 인정할 때 비로소 탁월한 존재가 될 수 있다. 마지막으로 내가 전달하고 싶은 핵심적인 내용을 요약해 보았다.

- **저지능**: 몸이 좋네. 분명 로이더(약물 사용자)일 거야.
- **초지능**: 저런 근육을 만들려면 일주일에 몇 번씩, 어떤 방식으

로 운동해야 할까? 식단은 어떻게 했는지, 어떤 동기로 운동을 하게 되었는지도 궁금하다. 나는 저 사람에 비하면 아직 많이 부족하니까 최대한 많은 걸 배워서 나도 저런 몸을 만들어야겠다.

- **저지능**: 한 달에 월 1,000만 원씩 번다고? 분명 강의나 책 팔려고 저렇게 말하는 거겠지.
- **초지능**: 나보다 3배 이상 많이 버는 데는 반드시 이유가 있을 거야. 이렇게 마케팅을 해서 사람들의 관심을 끄는 것도 능력이지. 어떤 방식으로 돈을 벌었는지 수익 구조를 분석하고, 마케팅 방식이랑 문구도 다 벤치마킹해서 내 사업에 적용해 봐야겠다.

- **저지능**: 부동산으로 10억을 벌었다고? 다주택자 투기 세력들 지긋지긋해. 세무조사나 강하게 받았으면 좋겠다.
- **초지능**: 어떻게 소자본으로 부동산 투자를 할 수 있었던 걸까? 나도 지금보다 더 절약하고, 최대한 빨리 종잣돈을 만든 후에 부동산 투자를 해야겠다. 그전에 부동산에 관한 책도 20권 정도 읽고, 매주 주말마다 임장도 다니면서 공부도 꾸준하

게 해야지. 사고 싶은 아파트랑 건물도 미리 찾아서 사진으로 출력해 놓고 시각화도 하면서 부동산 강의도 듣고, 네이버 부동산 카페도 가입해서 같은 꿈을 꾸는 사람들이랑 모임도 해봐야겠다.

마음의 문을 여는
3가지 방법

자, 이제는 어느 정도 '마음의 문을 열고 자신의 부족한 점을 인정하는 것'이 얼마나 중요한지 깨달았을 것이다. 하지만 그런데도 여전히 '나는 현재 배달 기사로 일하고 있는데, 내 인생이 뭐 얼마나 달라질 수 있겠어', '나는 고졸에 불과한데, 월급 200만 원에 만족하면서 살아야지'와 같은 자기 삶에 한계를 그어버리는 생각에서 벗어나기가 쉽지 않을 것이다. 이러한 마음의 빗장과 팔짱은 너무나 강력해서 풀어내기가 무척 어렵다.

첫 수업을 시작할 때 학생들의 자세를 보면 성적이 오를지 떨어질지가 눈에 보인다. 마음의 빗장이 잠긴 상태로 '나는 못 해. 너무 어려워. 내가 이런 문제를 어떻게 풀어'와 같이 불안한 눈빛을 보이는 학생들은 대부분 성적이 떨어지거나 중도에 탈락한다. 그런데 재미있는 건 이와는 반대로 팔짱을 끼고 등을 의자에 살짝 기댄 채로 '그래, 당신 잘 가르친다고 유명하던데. 어디 한 번 가르쳐 봐'와 같이 거만한 자세로 수업을 듣는 학생들 역시 '마음의 팔짱을 낀 상태'인지라 성적이 떨어지는 경우가 대부분이다. 이렇듯 마음의 문을 굳게 닫은 상태에서는 절대 성장은 이루어질 수 없다.

실제 성적이 오르는 학생은 철저하게 본인의 부족한 영어 실력을 인정한 채 자기 생각을 내려놓고 나를 믿고 따라온다. 마음의 문을 열고, '지금은 어렵지만 나도 후기에서 봤던 학생들처럼 6개월만 열심히 하면 성적이 오를 거야', '잘 가르친다고 인정받은 선생님이니까 최대한 배울 수 있는 내용을 다 흡수해야겠다'와 같이 자신의 부족함을 인정하고, 자신보다 더 뛰어난 사람의 말을 듣고 받아들일 준비가 되어 있다. 선생님의 두뇌를 복사하기라도 하듯, 내 모든 지식과 노하우를 최대한 빨아들이는 학생들이야말로 성적이 오른다(그래서 똑똑하고 검증받은 선생님을 찾아야 한다). 이처럼 자신보다 더 뛰어난 사람의 말을 듣고, 경청하며, 배우기 위해서는 마음의 문을 열고 자신의 부족한 부분을 인정해야 한다.

'그렇다면 어떻게 해야 마음의 문을 열 수 있을까?'

여기에는 3가지 방법이 있다.

첫 번째, 나와 비슷한 환경에서 뛰어난 성취를 이룬 이들의 이야기가 담긴 책을 50권 이상 읽는다.

두 번째, 그들의 강의를 듣는다.

세 번째, 그들의 공동체에 들어간다.

이 3가지 방법 중에서 첫 번째 방법인 독서가 가장 실행하기 쉽다. 강의를 듣는 일은 돈이 많이 들고, 커뮤니티에 들어가는 것은 실력이나 인맥, 또는 주변의 추천이 없다면 어려운 일이다. 그래서 학생이라면,《공부 9단 오기 10단》,《가난하다고 꿈조차 가난할 수는 없다》와 같은 공부법에 관한 책을 50권 정도 읽는다. 그러면 자신과 비슷한 처지에서 공부했던 학생들의 이야기를 통해 자신이 현재 부족한 부분이 무엇인지 선명하게 보이고 '나도 할 수 있겠다'는 생각이 들면서 마음의 문이 열리게 된다.

돈을 많이 벌고 싶다면,《돈의 속성》,《생각의 비밀》,《부자 아빠 가난한 아빠》와 같은 책을 50권 정도 읽는다(이와 관련된 엄선된 추천 도서를 부록에 정리해 두었다). 한 권씩 책을 읽을 때마다 자기 삶에 바로 적용하고 실천할 내용을 찾아내며, 이를 바로 실천하면 자연스럽게 변화된다.

정말 놀랍게도 성공한 사람들의 이야기에는 동일하게 반복되는 주제가 있다. 그 내용을 반복해서 읽으면 생각이 변하고, 생각이 변하면 행동도 변한다. 그러면서 자연스럽게 성공하는 길 위에 올라서게 된다.

멸치같이 마른 몸에서 탄탄한 근육질 몸매를 만들고 싶거나 뚱뚱한 몸에서 벗어나고자 다이어트를 하고 싶은 사람이라면, 운동을 통해 몸매를 바꾼 이들의 후기를 읽고, 그들의 전후 사진을 매일 반복해서 보는 게 좋다. 이러한 과정을 통해 자연스럽게 '나도 할 수 있겠다'는 생각이 들고, 다른 사람의 생각을 받아들일 수 있도록 마음의 문도 열린다.

이처럼 자신과 비슷한 환경에서 성공한 이들의 이야기를 50개 정도 읽으면 마음의 빗장이 열리고, 마음의 팔짱이 풀린다. 그만큼 '독서'가 성장을 위한 마음의 문을 여는 가장 쉬운 일이다. 적어도 나에게는 책이 그런 역할을 했다. 고난을 이겨낸 스토리를 50개 정도 반복해서 읽다 보면, 자기의 부족한 부분이 좀 더 명확하게 보이고, 자기도 모르게 자신감이 차오르며 어떻게 하면 성공할 수 있을지에 대한 방법론을 구체화하기 쉽다.

성장을 위한 마음의 문을 여는 두 번째 방법은 성공한 이들의 강의를 듣는 것이다. 내가 지난 수많은 상위 1퍼센트 극상위권과 최상위권을 만들어낸 비결은 바로 오프라인 현장 강의에 있다. 나는 매주 학생들에게 3등급에서 1등급으로 성적이 오른 학생이나 공부를 못했던 학생이 SKY/의치대에 합격한 후기를 출력해서 나눠준다(마음의 문 열기). 그리고 때로는 수업 시간에 같이 읽어보기도 한다. 학생들 스스로 부족한 부분을 인식하고, 마음의 문을 열어서 내 모든 지식과 노하우를 최대한 흡수하도록 만들기 위함이다.

이와 함께 수업을 통해 매주 끊임없이 성장을 이루기 위한 밀도 높은 동기를 유발한다. 마지막으로 3등급 이상의 성적을 인증받고 입학한, 상위 1퍼센트 최상위권을 지향하는 학생들의 집단 속에서 공부할 수밖에 없는 분위기를 만들어준다(환경 설정). 이를 통해 학생들은 철저하게 내가 가르치는 모든 지식과 노하우를 스펀지처럼 흡수하게 된다. 이를 통해 매년 수많은 상위 1퍼센트 최상위권의 학생을 배출하고, SKY/의치대에 합격시키고 있다.

이처럼 강의를 듣는 것은 직접적으로 성공한 사람의 지식과 노하우를 흡수하는 방법일 뿐만 아니라, 함께 성장하는 공동체 속에서 끊임없이 동기부여를 받는 일이다. 이는 성장의 속도를 올린다.

　성장을 위해 마음의 문을 여는 세 번째 방법은 성공한 사람들의 공동체에 들어가는 것이다. 이 방법은 가장 어렵지만 성장을 위한 가장 빠른 길이기도 하다.

　'어떻게 해야 성공한 사람들의 공동체에 들어갈 수 있을까?'

　결론부터 얘기하면 상대방에게 '나를 만나지 않으면 손해'라는 인식이 들도록 거절할 수 없는 제안을 해야 한다. 처음부터 상대방에게 무언가를 받으려고 하는 게 아니라 내가 먼저 무언가를 줄 수 있을지 고민해야 한다.

　나는 대학교 2학년 때 세움영어를 운영하며 페이스북과 인스타그램을 비롯한 소셜미디어 활동을 활발하게 하고 있었고, 한경BP **한국경제신문출판사**의 한경준 대표님과도 페이스북을 통해 종종 소통하고 있었다. 전작《지식을 돈으로 바꾸는 기술》이 출간과 동시에 7주간 네이버 베스트셀러에 오르면서, 수출 판권을 담당하는 에이전시를 만나 베트남, 태국, 말레이시아로의 수출을 계획하던 중이었다. 외부 강연 활동이 늘어났고, 이와 함께 소셜미디어 활동량이 증가하면서 자연스럽게 한경준 대표님과도 소통을 이어갈 수 있었다.

　그 인연을 통해 한경BP에서《최고의 존재는 어떻게 만들어지는가》를 출간할 수 있었다. 대학교도 졸업하지 않은 일개 대학교 2학년 학생이 김미경 강사와 같은 대한민국의 유명 인사들과 세계적인 베스트셀러 《정의한 무엇인가》의 저자 마이클 샌델과 같은 해외의 저명한 인물들이 책을 출간한 한경BP와 출간 계약을 맺은 것은 당시에는 놀라운 일이었다.

항상 내 버킷리스트에만 머물러 있던 '대형 출판사를 통한 책 출간'이 이뤄지는 순간이었다. 충정로역에 위치한 한경BP 본사에서 편집주간님과 두 차례에 걸쳐 미팅을 진행하고, 계약 조건을 조율한 뒤에 마지막으로 계약서에 도장을 찍었다. 계약을 완료한 이후 한경BP의 편집장님은 이런 얘기를 들려주셨다.

"한경준 대표님께서 직접 장 대표님 원고를 챙기라고 말씀하셔서 이렇게 연락드립니다. 두 분이 페이스북 친구라고 하시던데요, 저희도 장 대표님이 운영하시는 세움영어에 관심이 있고, 이번 책을 통해 어떤 시너지가 나는지 한번 지켜보고 싶습니다."

이를 통해 확실하게 느낀 게 있다. 결국 '나를 만나지 않으면 손해'라는 인식이 들 정도로 실력을 갖추지 않으면 성공한 사람들과의 인연을 만들 수 없다는 사실이다. 만약 자신이 현재 상대가 매력적으로 느낄 만큼의 실력을 갖추지 않았다면 '제가 1,000만 원을 드릴 테니 저에게 한 시간만 내주세요'라는 정도의 도발적인 도전 의식은 갖고 있어야 한다.

처음 내 유튜브 채널을 개설하고 정말 치열하게 노력했지만 1년 간 구독자가 1,000명도 모이지 않아서 좌절하고 실패했을 때, 이미 성공한 100만 유튜버에게 '1,000만 원을 드릴 테니 나를 한 번 만나서 도와달라'고 인스타그램 메시지DM를 보낸 적이 있다. 그때는 1,000만 원이 큰돈이라고 여겨졌는데, 지금 다시 돌이켜서 생각해 보면, 100만이 넘는 유튜버의 관점에서 채널의 성장을 도와주고 노하우를 주는 대가로 1,000만 원은 적은 돈으로 여겨진다. 다시 말해 '나를 만나지 않으면 손해'라는 인식이 들 정도의 압도적인 제안이 아니었다. 결국 내 메시지는 무시당했고, 그의 도움을 받을 수 없었다.

핵심은 결국 이것이다. 만약 성공한 사람을 만나고 싶다면, 상대방에게 '나를 만나지 않으면 손해'라는 인식이 들도록 그가 거절할 수 없는 제안을 하면 된다. 연애에 비유하자면 더 쉽게 이해될 수 있다. 연애할 때는 서로의 장·단점을 재고, 친구들과 만날 때면 사귀는 커플 중 누가 더 손해인지 이야기를 나눈다. 결혼할 때는 '이 사람이 나에게 무엇을 해줄 수 있는가?'를 고민한다. 좋은 스펙을 가진 사람들이 모인 자리라면 빠지지 않고 참석하고, 친구들과의 술자리를 주도해 나간다. 하지만 이렇게 해서는 좋은 사람들이 곁에 남기 힘들다.

좋은 사람은 내가 상대방에게 가치 있는 무언가를 줄 수 있는 능력이 있을 때 비로소 만날 수 있게 된다. 삶을 통해 나를 증명하고 원하는 바를 이루었을 때, 인맥이 되길 바라는 이들이 주변에 모이게 된다. 내가 원하는 이상형과 연애하고 싶다면 내가 먼저 이상형으로 여기질 만큼 매력적이어야 한다. 줄 수 있을 때 비로소 받을 수 있다. 기브 앤드 테이크Give And Take에서 '주다'라는 의미의 '기브Give'가 '받다'라는 의미의 '테이크Take' 보다 앞에 놓여 있다. 나를 높여주는 사람을 만나길 원한다면 내가 상대방을 높여줄 수 있는 인성을 가지고 있어야 한다. 나를 사랑해 주는 사람을 만나길 원한다면, 내가 사랑할 수 있는 포용력과 넓은 마음이 필요하다.

'이 사람이 나를 위해 무엇을 해줄 수 있을까'를 고민하기 전에 '내가 이 사람을 위해 무엇을 해줄 수 있을까'를 생각할 수 있는 사람이 진정으로 사랑할 수 있다. 좋은 스펙을 가진 사람들이 모인 자리를 가기 전에 내가 그 사람들과 어울릴 만한 사람인지 먼저 생각해야 한다. 다시 말해 준비하는 기간이 필요하다. '기회는 준비된 자에게 온다'라는 말은 역사적으로 증명된 진리다.

연애와 마찬가지로 성공한 사람들의 공동체에 들어가고 그 사람들과 어울리기 위해서는 내가 상대방에게 가치 있는 것을 줄 수 있는 사람이어야 한다. 그게 꼭 돈이 아니어도 괜찮다. 어떤 고난도 감내할 수 있는 열정, 내 꿈을 이루고 싶은 의지, 가치 있는 것을 만들어 낼 수 있는 시간, 이 모든 것이 상대에게 줄 수 있는 가치가 될 수 있다.

내 가치관이 명확하고 분야가 뚜렷하며 지속해서 성장해 나가고 있는 사람일 때 비로소 사람들은 내 곁에 모인다. 반대로 말하면 내가 줄 수 있는 가치가 없을 때 사람들은 떠나가기 쉽다. 이런 경험을 여러 차례 겪었다. 사업을 하다 보면 잘 될 때도 있고 안 될 때도 있다. 잘 될 때는 많은 사람들이 곁에 몰린다. 함께 사업을 제안하거나, 미팅을 요청하거나, 흥미로운 기회를 가지고 온다.

하지만 사업이 안 될 때는 많은 사람들이 떠나가 버린다. 유튜

50

브 영상 촬영을 거의 마무리 지었던 영상 팀이 갑자기 계약을 취소하고 연락을 안 받는 일이 생긴다든지, 매일 즐겁게 성공을 이야기하던 사람들이 하나둘씩 연락이 뜸해진다. 이런 과정을 반복적으로 겪다 보면 남는 사람들이 생긴다. 빛과 어둠을 함께 하며 내 곁에 남아준 이들이야말로 평생을 함께 갈 수 있는 동반자라는 확신이 든다. 온 삶을 통해 나를 증명할 때, 세상은 나를 알아주기 마련이다.

다시 처음으로 돌아가 보자. 이 책을 읽고 나면 내 삶이 갑자기 변화하고 성장할 수 있을까? 그렇지 않다. 단 한 권의 책으로 인생이 변하는 일은 극소수에 불과하다. 우선 마음의 문을 열고, 자신의 부족한 부분을 인정해야 한다. 그리고 자신과 비슷한 상황에서 성공한 사람들의 책을 50권 이상 읽으면서 내 삶에 적용하려고 노력한다.

한두 권의 책을 읽고 본인의 삶이 변하지 않는다고 불평하지 않았으면 좋겠다. 책을 읽고 책에서 배운 내용을 본인의 삶에 적용해 보지도 않고 삶이 변하지 않는다고 불만을 토로하지 않길 바란다. 현명하고 지혜로운 사람이라면, 책을 읽고 이를 실천하면서 삶을 조금씩 변화시켜 나갈 것이다.

자신의 원하는 삶은 갑작스럽게 찾아오는 게 아니라 이처럼 아주 작은 반복의 결과로써 만들어진다.

만약 내 삶의 이야기 중에서 여러분의 삶과 비슷한 부분이 있었다면, 마음의 문을 열고 내 모든 이야기를 스펀지처럼 흡수해서 본인의 것으로 만들었으면 좋겠다. 그게 바로 성장의 시작점이다.

'이 사람이 나를 위해 무엇을 해줄 수 있을까'를 고민하기 전에 '내가 이 사람을 위해 무엇을 해줄 수 있을까'를 생각할 수 있는 사람이 진정으로 사랑할 수 있다. 내 가치관이 명확하고 분야가 뚜렷하며 지속해서 성장해 나가고 있는 사람일 때 비로소 사람들은 내 곁에 모인다. 반대로 말하면 내가 줄 수 있는 가치가 없을 때 사람들은 떠나가기 쉽다. 자신의 원하는 삶은 갑작스럽게 찾아오는 게 아니라 이처럼 아주 작은 반복의 결과로써 만들어진다.

"미래를 예측하는 가장 좋은 방법은 미래를 창조하는 것이다."
-피터 드러커

Chapter 2

자극

내 인생을 리셋할 수 있다면

내 안의 거인을 깨우는 법

마음의 문을 열고 마치 하얀 백지와 같은 상태에서 내 생각을 받아들일 준비가 되었다면, 지금부터는 본인이 원하는 자아상을 설계할 때다. 마음의 문을 열고 새로운 지식과 노하우가 들어올 자리에 새로운 자아상을 만들어 놓아야 한다. 이러한 자아상이 당신의 '성장의 크기'를 결정한다.

자기 스스로 '평범한 사람'이라는 자아상을 가지고 있는 사람은 성공하기가 매우 힘들다. 성공의 기회가 다가오더라도 '나는 평범한 사람'이라는 생각으로 쉽게 도전하지 못한다. 자신을 감싸고 있는 단단하고 두꺼운 껍데기를 깨고 도전하려는 순간 불안해지고,

일생일대의 기회가 와도 잡지 못하고 결국 평범한 사람으로 되돌아가 버린다. 이상적인 자아상은 내게 기회가 왔을 때 붙잡고, 변화하도록 만들어주는 원동력이 된다. 강력한 삶의 연료이자, 폭발적인 성장을 이루게 만드는 근원이다.

처음 학생들을 가르치기 시작할 때 내 이상적인 자아상은 월 1,000만 원을 버는 과외 선생님이었다. 그래서 월 1,000만 원을 벌기 위해 몇 명의 학생을 가르쳐야 하는지 계획을 세우고, 그 학생들을 모집하기 위해 20권 정도의 마케팅 책을 읽었다. 그리고 한 권씩 책을 읽으면서 새롭게 배운 내용을 내 삶에 적용하고 실천했다. 그 결과 월 1,000만 원이라는 목표를 달성할 수 있었다.

하지만 여전히 '과외 선생님'이라는 틀에 갇혀있었다. 내가 굳건하게 과외 선생님이라는 자아상을 유지했기 때문에 대형 학원에서 들어오는 강사 스카우트 제의도 거절했고, 인터넷 강사로 데뷔할 수 있는 기회도 거절했다. 월 1,000만 원을 버는 과외 선생님이 내 이상적인 자아상이었고, 그것으로 만족했다. 더 크게 일을 벌이고 싶지도 않았고, 지금 만들어놓은 안전지대를 벗어나고 싶지도 않았다. 그냥 이대로만 살면 행복할 것 같았다. 그렇게 내 삶을 성장과 변화로부터 단절시켰다.

그러던 중 대치동의 유명한 학원에서 1타 강사로 일하고 계신 국어 선생님과 스타벅스에서 대화를 할 기회가 생겼다. 자랑스럽게 선생님에게 "저는 나름 과외로 알려져 있습니다. 한 달에 1,000만 원은 벌어요"라고 이야기했다. 지금 생각해 보면 정말 부끄러운 언행이었다. 그 선생님은 한 타임에 150명씩 수강생을 가르치고 있었고, 전 타임 마감을 시키는 강사였다. 오랜 대화 끝에 선생님이 조심스럽게 나에게 이렇게 말했다. "과외에서 벗어나서 강사를 해 보시는 건 어떤가요?" 그리고 그 한마디로 내 삶은 변화하게 되었다.

이 일을 계기로 자아상을 새롭게 바꾸어 수능 영어 1타 강사를 목표로 세웠다. 그래서 당시 대치동에서 세 번째로 큰 규모의 재수학원에서 강사로 일을 하게 되었다. 목표가 1타 강사였기에 남들보다 1시간 일찍 출근해서 수업을 준비했고 1시간 늦게 퇴근했다. 매일 학원에서 가장 먼저 출근하고 가장 늦게 퇴근했다. 정말 치열하고 지독하게 공부하며 가르쳤고, 수업마다 느낀 점을 체계적으로 정리했다. 그리고 누가 시키지 않았지만 학원 원장님 번호를 받아서 개인적으로 매일 밤 오늘의 업무를 정리해서 카카오톡으로 보고했다.

그러다가 우연히 새벽에 일찍 출근하신 원장님에게 강사가 아닌 경영팀 팀장으로 일해 보는 건 어떻겠느냐는 스카우트 제의를 받았다. 그 후 이력서를 제출한 뒤 정식으로 경영팀 팀장으로 일을 하게 되었다. 학원의 급격한 성장 시기에 경영팀 팀장을 맡게 돼서 신규 법인 설립과 학습법 특허권 등록, 특허받은 학습법에 관한 책 출간, 벤처기업 및 ISO9001 인증, 온라인 마케팅, 홈페이지 제작, 강사 채용 및 관리, 170억 원에 달하는 삼성역 근처 건물 매입에 관한 모든 업무를 담당할 수 있었다.

이 학원에서 배울 수 있는 모든 것을 다 배웠다고 생각할 즈음 과감하게 사표를 내고 새로운 자아상을 세웠다. 바로 '학원 경영인' 이었다. 이것이 내 세 번째 자아상이었다. 그리고 가지고 있었던 모든 돈을 학원을 설립하는 데 사용했다. 2020년, 단 1명의 학생도 없이 잠실 학원 사거리에 4명 정원의 작은 학원을 설립했다. 그러나 지금은 전국에서 찾아오는 학생들로 단 3분 만에 전타임 마감되는 상위 1퍼센트 프리미엄 수능 영어 전문학원으로 성장했다.

이처럼 내가 원하는 자아상에 따라 내 삶은 완전히 달라졌다. 자신을 작은 골목의 식당 주인으로 생각하는 사람과 '전문 외식 경영인'으로 생각하는 사람은 다른 삶을 살게 될 수밖에 없다. 월 300만 원을 목표로 하는 사람과 '월 1,000만 원'을 목표로 하는 사람의 삶도 다르며, 좋은 직장에 들어가기를 꿈꾸는 청년과 '사업가'를 꿈꾸는 청년의 삶도 다를 수밖에 없다. 이처럼 자아상은 우리의 삶에 엄청난 영향을 미친다.

이상적인 자아상은 스스로 안전하고 편안하다고 생각하는 범위를 벗어나게 만드는 발칙한 상상인 동시에, 내 생각을 현실로 만들어 줄 가장 강력한 열쇠이기도 하다. 하지만 이렇게 이상적인 자아상을 만들고 나면 곧바로 내 마음은 이렇게 외칠 것이다. '해도 안 된다. 위험하다. 불안하다. 조심해라.' 그리고 사람들에게 내 자아상을 말하면 수도 없이 많은 사람이 안 된다고 말할 것이다. 모두 내가 겪은 일이다. 이들은 한계를 정하지 않으면 한계가 없다는 사실을 모른다. 오히려 한계를 정해주는 것이 세상을 잘 아는 것이라고 여긴다.

고졸 출신의 아르바이트생이 300억 원 매출의 프랜차이즈 대표를 꿈꾸면 누군가는 비웃고 누군가는 흥분한다. 매출 100억 원을 달성하고 매출 1,000억 원을 꿈꾸면 누군가는 포기하고 누군가는 가슴이 뛴다. 하나의 매장을 운영하던 사람이 100개의 프랜차이즈를 만들 것이라고 말하면 누군가는 돌아서고 누군가는 앞으로 달려간다.

내가 성장하면서 내린 결론은 이것이다. 내 생각이 행동을 만들고, 행동은 결과를 만든다. 그것이 곧 성공 방정식이다. 큰 생각은 커다란 행동을 만들고, 그 행동은 곧 탁월한 결과로 이끈다. 그래서 우리는 현재 상상할 수 있는 가장 이상적인 자아상을 설계해야 한다. 지금과 다른 삶을 살아가길 바란다면 다르게 생각해야 한다.

'평범한' 당신의 모습을 벗어나는 게 두려운가? 나도 그랬다. 우리의 마음은 우리가 안전지대를 벗어나지 않도록 소리친다. 그러나 한 번 이 안전지대를 벗어나고 나면 새로운 세상을 바라볼 수 있게 된다. 여러분이 그 세상을 꼭 봤으면 좋겠다.

육상 선수였던 로저 배니스터Roger Bannister가 1.6 킬로미터를 4분 이내에 달리기 전에 모든 이들이 그것은 인간의 신체 구조상 불가능하다고 했다. 하지만 로저 배니스터는 해냈다. 놀랍게도 두 달 후 16명이 인간으로서는 절대 불가능하다고 여겨졌던 4분의 기록을 깼다. 이는 인간이 가진 생각의 힘이 얼마나 강력한지 보여준다. 불가능하다고 생각하는 순간 그것은 정말로 불가능이 되며, 가능하다고 생각하는 순간 그것은 가능이 된다.

인간은 미래를 알 수 없지만 미래를 만들 수 있는 능력을 지니고 태어났다. 흥미로운 사실은 이를 믿는 사람에게는 그 능력이

주어지지만, 이를 믿지 않는 이에게는 이러한 능력이 주어지지 않
는다는 것이다. 당신은 당신이 믿는 그대로의 모습이 될 것이다.

다이아몬드는 상자 안에 있다. 이를 있다고 믿고 열어보는 사람
은 다이아몬드를 갖게 될 것이다. 그러나 없다고 생각하는 사람은
절대 다이아몬드를 가질 수 없다. 사람은 자신이 믿는 모습으로
성장한다. 나라는 존재는 내 생각의 결과물이다. 지금 생각을 바
꾸면 내가 바뀐다. 미래가 변한다. 소설가 최인호의《인연》이라는
작품에는 다음과 같은 구절이 나온다.

'생각은 행동을 낳고, 행동은 습관을 낳고, 습관은 성격을
낳으며, 성격은 운명을 낳습니다. 우리가 운명을 바꾸기
위해서는 무엇보다 먼저 우리의 생각을 바꾸지 않으면 안
될 것입니다.'

이렇듯 생각이 가진 힘은 위대하다. 우리가 가진 생각이 우리의
꿈의 크기를 결정한다. 생각은 그 자체가 물리적인 힘을 지닌다.
생각은 손에 잡히지 않지만 강력한 에너지를 품고 있다. 그러므로
어떤 생각을 가지고 사느냐는 우리가 미래에 어떤 삶을 살아갈지

에 엄청난 영향을 미친다. 이것이 바로 이상적인 자아상을 설계하고 그것에 대해 지속해서 생각해야 하는 가장 근본적인 이유다.

이상적인 자아상 설계하기

나는 생각을 통해 내 사업을 만들고 가족관계를 유지하고
꿈을 이루고 친구들을 만든다. 이루고 싶은 것이나 갖고
싶은 것을 생각해 내면 그걸 상상하고 끊임없이 생각하는
방식으로 바라는 것을 얻는다.

《생각의 비밀》 중에서

8,000억 원의 자산가인 김승호 회장은 자신의 이룬 모든 성공
의 비밀을 '생각'이라는 개념 하나로 설명한다. 그는 생각에 힘이
있다고 믿는다. 그래서 생각에 힘을 부여하기 위해 종이에 생각을
적고, 계속해서 그 힘이 사라지지 않기 위해 액자에 써서 걸어놓거

나 목표를 이미지화해서 포스터로 만든다. 김승호 회장은 새로운 목표를 이루기 위해 첫 번째로 하는 일이 바로 생각에 더 강한 힘을 부여하고, 그 힘을 유지하는 일이라고 말한다.

김승호 회장에 따르면 '이렇게 종이에 쓰인 생각은 실체이고 눈에 보이기 때문이며 스스로 존재하기 때문'이다. 이제 생각에서 씨앗이 나온 것이다. 그리고 이 생각의 씨앗이 정말 싹을 틔우기 위해서는 지속해서 그 생각을 유지해야 한다. 화분에 씨앗을 심고 관심도 주지 않고, 물을 주지 않으면 죽는 것처럼 생각의 씨앗이 자랄 수 있도록 매일 반복해서 종이에 쓰인 생각을 읽으면 이는 점점 자라서 원하는 것을 이룰 수 있도록 만들어준다. 김승호 회장은 바로 이런 간단한 방법으로 원하는 모든 것을 얻었다고 말한다.

나는 우리나라에서 출간된 유명한 자기 계발서는 정말 거의 다 읽어본 것 같다. 지난 10년간 약 1,000권이 좀 넘는다. 지금도 매일 책을 읽고 글을 쓴다. 1,000권이 넘는 자기 계발서를 단 하나의 단어로 요약하면 '생각'이다. 성공과 혁신을 이끄는 강력한 공식은 생각에 있다. 성공에 관해 읽고, 들으며, 말하고 생각하다 보면 우리는 어느새 성공한 사람처럼 생각하게 되고, 성공한 사람의 모습을 닮아있게 되어 있을 것이다.

그 수많은 책을 읽으면서 내가 부족한 부분을 철저하게 반성했고 그러한 부분을 보완하려고 지독하게 노력했다. 책을 읽으면 가만히 두지 않고 꼭 최소한 한 가지는 내 삶에 적용해서 실천하려고 했다. 그 과정을 통해서 깨달은 한 가지가 있다. 바로 특별한 결과를 원한다면, 특별한 '생각'을 해야 한다는 것이다. 평범한 생각으로는 비범한 결과를 얻을 수 없다.

이 책을 쓰면서 '성장론'에 관한 전문가가 되겠다는 자아상을 세웠다. 앞으로 태어날 자녀를 포함해서 대한민국을 이끌 다음 세대를 성장시키는 거룩한 사명감을 느끼며 책을 쓰고 있다. 2017년, 《지식을 돈으로 바꾸는 기술》을 쓸 때도 비슷한 자아상을 만들었다. 지금은 누구나 알고 있는 보편적인 개념이지만, 당시 대한민국에는 '지식 창업'과 '지식 창업자'라는 말이 거의 사용되지 않았다. 내가 아는 한 이 개념을 책에 쓴 건 내가 최초다.

그리고 이 책은 예상을 벗어나지 않고 7주 연속 네이버 베스트셀러에 올랐다. 자아상을 세우는 게 얼마나 중요한지 수많은 경험을 통해 깨달았다. 상위 1퍼센트 극상위권부터 베스트셀러 저자, 청년 사업가에 이르기까지, 성취한 모든 것을 자아상을 세우는 과정을 통해 이뤄냈다.

만약 당신이 여기까지 읽고도 '어떤 자아상을 원하는지 모르겠다'라는 생각이 든다면 아래 내용에 주목해야 한다. 그 방법을 알려주겠다. 원하는 자아상을 더욱 강력하게 설계하는 방법은 자신의 열등감과 질투심을 자세히 관찰해 보는 것이다. 어떤 사람에게 열등감과 질투심을 느끼는가. 그러한 감정을 살펴보면 자신이 정말로 되고 싶은 모습이 무엇인지 깨달을 수 있게 된다.

'정부는 사교육으로 100억 원씩 버는 스타강사들 세무조사 안하고 뭐 하나. 이런 사람들 탓에 나라가 망한다.'

만약 평범한 직장인이 연봉 100억 원이 넘는 일타강사들을 보면서 네이버에 이런 댓글을 달고 있다면, 본인은 자신의 초라한 연봉에 대비되는 100억 원이라는 단어에 질투심과 열등감을 느끼면서 이를 차단하기 위해 마음의 빗장이 걸리고 있다는 것을 깨달아야 한다. 현실과 이상의 격차가 생겨서 나타나는 감정이 열등감과 질투심이다. 다시 말하면, 내가 원하는 자아상이 연봉 100억 원을 버는 사람이라는 것이다. 지금 내 말을 인정하지 못하겠다면, 다시 한번 자신의 마음을 되돌아볼 필요가 있다. 아직 성장을 위한 마음의 문이 열리지 않은 상태이기 때문이다.

인간의 유전자는 종족 번식과 생존에 대한 욕망을 실현하도록

명령한다. 그런데 나보다 우월한 사람을 만나면, 자연스럽게 열등
감과 질투심이 나타나고 마음의 빗장이 걸리는 것이다. 그러므로
이러한 감정을 잘 관찰하면 내가 원하는 이상적인 자아상이 무엇
인지 알 수 있다.

- 우람한 근육질 몸매에 탄탄한 복근을 가진 남성
- 포르쉐를 타고 한강을 드라이브하는 남성
- 한강이 보이는 펜트하우스에서 야경을 바라보는 남성

솔직히 인스타그램이나 유튜브에서 이런 사람들을 보면 질투심
이 생긴다. 아직 이루지 못한 것들이라서다. 바로 이러한 것이 내
가 세워야 하는 이상적인 자아상, 실제 세워놓은 자아상이기도 하
다. 이런 이들을 보고 악플을 달고 있는 사람들은 절대 궁극적 성
장을 이룰 수 없다. 자신의 부족함을 인정하고 이들이 어떻게 성
장을 이뤄내면서 지금의 위치까지 올라갔는지 그 모든 지식과 노
하우를 배우려고 노력해야 한다.

이러한 '성장형 인간'들은 절대 악플을 달지 않는다. 오히려 그
사람들의 눈에 띄기 위해 '선플'을 달고, '관계'를 형성하기 위해 노

력한다. 질투심과 열등감으로 누군가에게 악플을 달고 있다면, 본인의 성장을 위한 영양분을 흡수하지 못하고 평생 남이나 욕하면서 안전지대 속에 머무는 발전 없는 삶을 살아갈 가능성이 높다.

나는 원하는 이상적인 자아상이 무엇인지 깨닫고 난 뒤에, 여기에 영혼을 불어넣고, 실제 생생하게 움직이도록 만들기 위해 사진으로 시각화를 시키고 집안 곳곳에 붙여놓는다. 머리를 말리는 곳에는 항상 내 시각화된 자아상이 붙어있으며, 스킨과 로션을 바르는 거울 앞에도 시각화된 자아상이 붙어 있다. 이렇게 되고 싶은 자아상의 모습을 붙여놓으면 머릿속으로 생각하는 것보다 훨씬 더 빠르게 현실로 만들 수 있게 된다.

이렇게 이상적인 자아상을 설계하면 마치 이미 그 모습이 된 것처럼 뇌가 사고와 시야를 확장한다. 성공한 사람들의 영상이나 책을 보면서 '나도 할 수 있을 것 같은데?' '생각보다 별거 아니네?'와 같은 생각이 들면, 뇌가 이미 자아상과 어느 정도 '동기화'가 되었다고 볼 수 있다. 동기화는 굉장히 중요한 단어다. 계속해서 뇌가 이상적인 자아상과 일치되도록 만들어주어야 하는데, 이를 통해 당신이 세상을 바라보는 세계관이 확장되기 때문이다.

이상적인 자아상으로 인해 세계관이 확장되면 과거에는 스스로

할 수 없고, 어려운 일이라고 두려워하고 머뭇거렸던 일들도 할 수 있다고 믿게 된다. 그리고 실제 행동으로 옮겨서 도전하고 실행해서 성공의 가능성을 대폭 상승시킨다.

이를 실제 종이에 적어놓고 다른 사람들에게 선언하면 당신은 세상에 엄청난 작용을 가하게 된다. 그리고 그 반작용의 결과로 당신을 응원하는 사람들과 더불어 시기하고 조롱하며 비꼬는 사람들을 만나게 될 것이다. 당신을 지지하는 사람들은 당신이 끝까지 목표를 이룰 수 있도록 하는 조력자의 역할을 해줄 것이고, '네가 뭔데?'라고 당신을 조롱하거나 비꼬는 이들은 당신의 마음속에 부정적 에너지를 만들 것이다.

수많은 성공한 사람들을 만나고, 이와 함께 수많은 악플러를 만나면서 내가 느낀 것을 하나 알려주려고 한다. 성공한 사람들은 누군가의 새로운 시작과 도전을 비웃지 않는다. 아무리 유치한 상품을 팔아도, 아무리 허황된 꿈을 꿔도, 아무리 허접한 영상을 만들어도 이들을 비웃거나 조롱하지 않는다. 내가 무언가를 도전한다고 선언했을 때 비웃었던 이들은 모두 단 한 번도 자신의 인생에서 도전하지 못했거나 성공해 본 경험이 없는 이들이었다.

그래서 조롱하거나 비꼬는 것을 오히려 엄청난 성장 에너지로 전환해서 사용한다. 웃기겠지만 가끔 나태하고 게을러졌다고 느낄 때마다 악플을 기다릴 때도 있다. 그게 나에게 엄청난 성장 에너지와 자극을 주기 때문이다. 또한 매일 누군가를 위해 좋은 일을 하려고 노력한다. '작용과 반작용의 법칙'에 따라 언젠가는 내가 쓴 에너지만큼 돌려받는다. 내가 좋은 이들과 함께 어울리며 긍정적인 에너지를 사용한다면, 내 삶은 갈수록 더 풍요로워지게 된다. 반대로 내가 원하지 않는 사람들과 함께 누군가를 비난하고, 비판하며, 불평과 불만으로 가득 찬 부정적인 에너지를 내뿜는다면 삶은 갈수록 더 빈곤해질 것이다. 나는 당연히 전자를 택했고, 현재 누구보다 행복한 삶을 살아가고 있다.

다음 장으로 넘어가기 전에 다시 한번 생각해 보자. 당신이 질투심을 느끼고, 열등감을 느끼는 대상은 누구인가. 그리고 당신이 되고 싶은 이상적인 모습은 무엇인가. 종이 위에 최대한 구체적으로 그 모든 모습을 적고, 이와 가까운 대상을 찾아서 사진으로 붙여놓는다. 사람, 집, 차, 주식 계좌 수익률 모두 좋다. 외모라면 어떤 연예인의 모습과 비슷해지고 싶은지, 집이라면 어느 지역에 어떤 아파트나 건물을 가지고 싶은지, 자동차라면 어떤 자동차를 소유하고 싶은지, 주식 계좌라면 얼마만큼의 현금을 운용하고 싶은지 모두 구체적으로 시각화한다. 앞서 말했듯, 나는 이렇게 시각화된 자아상이 있고, 이를 컬러로 출력해서 집안 곳곳에도 붙여놓고, 내 스마트폰 배경 화면으로도 사용한다. 이 책을 읽는 당신도 마음을 열고 적어보기를 바란다. 당신의 성장을 훨씬 더 빠르게 촉진시켜 줄 것이다. 마지막으로 8000억 자산가인 김승호 회장의 《생각의 비밀》에 나오는 말을 전한다.

"억만장자가 되는 비결을 다시 한번 밝혀두고자 한다. 이제 책을 덮고 자기가 원하는 것을 종이 위에 적어라. 빼곡히 적어라. 그리고 아침마다 읽어라. 매일 될 때까지 들여다봐라."

인생을 복리로
성장시키는 방법

예전에 재수를 마치고 3수를 결심한 친구에게 전국 1등 만점자의 성적표를 인터넷에서 다운로드한 뒤 출력해서 손 편지와 함께 정성스럽게 포장해서 선물로 주었다. 그러한 에너지 덕분인지 그 친구는 결국 전 과목에서 1개를 틀렸고 서울대학교 경영학과에 입학했다.

매년 상위 1퍼센트 극상위권이 되고, SKY/의치대에 합격하는 학생들을 보면 대부분 자신의 노트나 독서실 책상 앞에 원하는 대학교의 사진이 붙어있다. 그리고 원하는 대학교에 직접 가서 사진도 찍고, 과 잠바도 입어보면서 더욱 생생하게 시각화하고 자신의 마음을 다잡는 문구를 함께 붙여놓는다. 나는 이러한 시각화의 힘

을 극대화하기 위해 매주 학생들에게 3가지 문장이 적힌 스티커를
붙여준다.

1. 손이 타버릴 듯 뜨거울지라도, 갖고 싶은 태양이 있다면
   절대로 손에서 놓지 마.
2. 상위 1퍼센트 최상위권을 꿈꾸고 이 시기를 네 인생의 가
   장 뜨겁고 치열한 순간으로 만들어봐. 내가 너와 함께할게.
3. 가슴이 터질 듯이 설레는 그 꿈을 이루면, 너는 다시 누
   군가의 꿈이 될 거야.

학생들은 이러한 문구를 보면서 매주 동기부여를 하고, 조교 선
생님들의 손으로 직접 적어주는 작은 코멘트에 감동하면서 자신
의 꿈과 목표를 향해 달려 나간다. 뇌는 상상하는 것과 실제 경험
하는 것을 잘 구분하지 못하므로 이렇게 시각화를 하면서 반복해
서 보게 되면 내가 실제 이루었다고 착각하게 된다. 그러면 뇌는
계속해서 내가 원하는 것을 이루기 위해서 노력하게 되고, 화장실
에 갈 때에도, 잘 때에도, 사람들을 만나서 이야기를 나눌 때도 자
연스럽게 내 꿈과 목표를 생각하고 표현하게 된다. 자연스럽게 이

상적인 자아상이 마음속에 동기화된다.

그런데 이러한 시각화보다 더 강력하게 자아상을 현실로 만드는 방법이 있다. 그건 바로 자신의 목표를 글로 쓰거나 영상으로 제작해서 더 많은 사람에게 공개하는 것이다. 이 책을 쓰고자 결심하고서도 '책을 쓰겠다'는 목표를 인스타그램 릴스 영상으로 제작해서 올렸다.

벌써 수만 명이 넘는 사람들이 봤고, 책을 쓰다가 힘들어서 포기하고 싶을 때마다 영상을 보고 댓글을 남겨준 이들 덕분에 나 자신의 게으름과 나태함을 극복하게 된다. 가끔 부정적이고 조롱하는 댓글도 발견되는데, 이는 오히려 나를 자극해서 지치지 않고 포기하지 않게 해준다. 결국 이 책은 완성되어서 출간될 것이고, 베스트셀러가 될 것이다. 지금 이 책을 읽고 있는 당신이 증명해 주는 것처럼.

이 글을 읽고 '이렇게 간단한 방법인데 왜 대부분의 사람은 성공하지 못하는 거지?', '단지 글로 적고, 시각화하며, 자주 반복해서 보고, 사람들에게 선포하는 게 전부라면 누가 성공을 못하겠어. 역시 자기 계발서는 다 내용이 뻔해'라는 생각이 들지 않는가?

그렇다면 내가 지금부터 이렇게 간단한 방법임에도 불구하고 성공하는 사람들이 왜 '극소수'에 불과한지 알려주고자 한다. 이 말은 바꿔서 말하면, 이 방법만 실천해도 당신은 바로 그 '극소수'에 포함된다는 의미다.

지금 바로 소셜미디어든, 카톡이든, 옆에 앉아있는 동료들이든 상관없이 당신의 주변 사람들에게 목표가 있는지 물어보라. 아마도 대부분 '있다'고 대답할 것이다. 그럼 그 사람들에게 목표를 종이에 적어두었는지 물어보라. 아마 10명 중 1명에 불과할 것이다. 이제 목표를 사람들에게 선언하거나 집에 붙여놓고 반복해서 읽어보는 사람이 있는지 물어보라. 없을 것이다. 그 사람들은 이미 성공한 뒤라서 '평범한' 당신 곁에 남아있지 않기 때문이다. 만약 마지막 질문에 '그렇다'라고 대답한 사람이 있다면 그 사람을 주목하라. 이른 시일 안에 성공해서 평범한 사람들 속에서 사라질 테니까 말이다.

인간의 뇌는 문제를 발견하면 해결하도록 설계되어 있다. 이것이 우리 인류가 발전할 수 있었던 이유다. 현재 이루지 못한 목표가 바로 문제 상황이며, 뇌는 이를 마주하게 되면 그 문제 해결에 필요한 모든 정보에 관심을 기울이게 된다. 길을 걷다가도, 음악을 듣다가도, 다른 사람과 대화하거나 책을 읽다가도 문제를 해결할 수 있는 해결책을 찾게 된다. 그러므로 반드시 원하는 목표가 무엇인지 명확하게 적고 선언해야 한다. 당신이 '10억 원을 벌고 싶다'라고 적는다면, 뇌는 그 목표를 이룰 해결책을 기필코 찾아줄 것이다.

그러니 당신이 믿든 믿지 않든 상관없다. 적고 선언하면 이뤄지기 때문이다. 확실한 건 당신이 믿지 않는 것은 절대 이뤄지지 않는다는 사실이다. 당신이 '평생 10억 원도 벌지 못할 거야'라고 생각한다면, 당신이 로또에 당첨되지 않는 한 10억 원을 벌 수 있는 확률은 제로다. 하지만 '나는 10억 원을 반드시 벌겠어'라고 생각하는 순간 당신은 10억 원을 벌 수 있는 출발선에 서게 된다.

그러므로 목표를 적어서 선언하면 실현된다. 다시 한번 반복하겠다. 내 말을 그냥 흘려듣지 않길 바란다. 목표를 적어서 선언하면 이루어진다. 당신의 생각은 반드시 현실이 된다. 만약 자신의 목표가 무엇인지 모르겠다면, 우선 종이 한 장을 꺼내서 하고 싶지 않은 일부터 작성해 보면 된다.

'직장인이라면 일주일에 최소 5일은 일해야지'와 같은 고정관념 따위는 집어치우고, 무의식의 욕망에 충실해서 하고 싶지 않은 일을 적어 보는 것이다. 자기의 벗겨진 욕망을 그대로 마주해야 한다. 나는 종이에 이런 것들을 적었었다.

- 나는 진상 고객들을 상대하고 싶지 않다.
- 나는 일주일에 3일 이상 일하고 싶지 않다.
- 나는 야근을 하고 싶지 않다.
- 나는 원하지 않는 회식에 참석하고 싶지 않다.
- 나는 주말에 일하고 싶지 않다.
- 나는 나이 50세가 넘어서까지 일하고 싶지 않다.
- 나는 평생 일만 하다가 죽고 싶지 않다.
- 나는 돈도 없이 비참한 노후를 맞이하고 싶지 않다.
- 나는 매일 아침 숨 막히는 버스와 지하철을 타고 출근하
  고 싶지 않다.
- 나는 쇼핑하고, 밥 먹을 때마다 가격표를 보고 싶지 않다.
- 나는 통장 잔고를 생각하며 장 보고 싶지 않다.
- 나는 은행의 금리가 올라가고, 물가가 올라간다는 뉴스
  를 보고 두려워하고 싶지 않다.
- 나는 내 월급이 왜 이렇게 적은지 불평만 하며 살고 싶지
  않다.

- 나는 다른 성공한 사람들과 비교하며 열등감을 갖고 살
  고 싶지 않다.
- 나는 데이트를 하면서 돈 걱정을 하고 싶지 않다.

이렇게 하면 내가 하고 싶은 일이 무엇인지, 내가 무엇을 목표
로 해야 하는지 명확하게 보인다. 하기 싫은 일을 정확히 골라내
는 과정을 통해 진짜 이루고 싶은 목표가 드러난다. 정말 무의식
의 욕망이 이끄는 '진짜 하고 싶은 일'이 드러나게 된다. 이때부터
는 무의식의 강력한 에너지가 나를 대신해서 목표를 이루게 된다.
물론 그 목표를 이루는 과정에서 하기 싫은 일을 해야 할 수도 있
다. 아니, 하기 싫은 일을 무조건 해야 한다. 비범한 결과는 지루하
게 반복된 일상의 결과물이다. 하지만 결국 그 과정 역시 내가 하
고 싶은 일을 위해 나아가는 과정이므로 충분히 견딜만하다. 결국
원하는 목표를 이루기 위해 무의식의 욕망이 발산하는 에너지를
따라 혼신의 힘을 다해 일하게 된다.
　나는 언제 찾아올지 모를 새로운 기회를 위해서 묵묵히 실력을
쌓아가는 중이다. 기회가 다가오면 바로잡을 수 있도록 말이다.
호랑이는 토끼 한 마리를 사냥할 때도 끝까지 온 힘을 다한다. 이

호랑이 정신을 반드시 기억해야 한다. 마지막으로 세계적인 작가인 마크 트웨인의 이 말을 곱씹어 보자.

"앞으로 20년 뒤 당신은 한 일보다 하지 않은 일을 후회하게 될 것이다. 그러니 배를 묶은 밧줄을 풀어라. 안전한 부두를 떠나 항해하라. 무역풍을 타라. 탐험하고, 꿈꾸며, 발견하라."

'돈'에 대한 생각에 관하여

돈에 대해 어떻게 생각하는가. 당신이 돈에 대해 어떻게 생각하느냐에 따라 당신 주변에 있는 사람들의 모습이 결정된다. 만약 주식 투자를 통해 돈을 벌 수 있다고 믿는 사람이라면, 당신 주변에는 주식에 대한 정보를 공유하는 사람들로 넘쳐날 것이다. 꾸준한 저축을 통해 돈을 벌 수 있다고 믿는다면, 당신 주변에는 성실하게 돈을 벌며 살아가는 사람들이 함께할 것이다. 중요한 것은 돈에 대한 내 생각이 이 모든 것을 결정짓는다는 사실이다.

많은 사람이 '돈으로 행복을 살 수는 없다'고 생각한다. 놀랍게도 많은 사람은 돈을 벌면 벌수록 자유를 잃는 상황에 빠진다. 어떻게 이런 역설적인 상황이 벌어지는가. 사람들은 돈을 더 많이 벌수록, 그에 따른 소비를 한다.

연봉 1억 원이 넘으년 벤츠를 타야 하며 좋은 집에 살아야 하며 명품 옷과 가방을 들어야 하며, 고급 레스토랑에서 외식을 해야 한다는 생각에 빠져 산다. 이러한 라이프 스타일이 습관이 되면, 어느 순간부터는 이 삶을 유지하기 위해 일을 한다. 한번 굳어진 라이프 스타일은 좀처럼 변하지 않는다. 작은 집에 살다가 큰 집에 사는 것은 쉽지만, 큰 집에 살다가 갑자기 작은 집에 사는 것은 어려운 것처럼, 올라가기는 쉽지만 내려가기는 어려운 것이 라이프 스타일이다.

이는 삶의 사이클이다. 더 높은 수입은 화려한 라이프 스타일을 낳고, 라이프 스타일을 유지하기 위해 더 많은 일을 한다. 이 사이클이 움직이기 시작하면, 좀처럼 빠져나오기 힘들다. 그러므로 사실상 많은 부자들과 고소득자들이 불행을 겪고 있지만, 그들의 불행은 돈 때문이 아니다. 그들은 자유를 잃어서 불행하다. 주체가 뒤바뀐 것이다. 그들이 돈을 이끌어가는 것이 아니라, 그들이 돈에 이끌려 다닌다. 일과 회식에 파묻혀 사느라 좀처럼 집에도 들어가지 못하는 검사나 변호사보다 낮에는 농사를 짓고 밤에는 가족과 즐겁게 지내는 네팔의 한 농부가 더 행복할 가능성이 높다.

이처럼 더 많은 돈이 오히려 자유를 잃게 만들 때, '돈으로 행복

을 살 수 없다'는 말은 공감을 불러일으킨다. 하지만 이는 돈에 대
한 잘못된 인식이 불러온 오해다. 중국에는 '가난이 문으로 들어오
면 사랑이 창문으로 달아난다'라는 속담이 있다. 가난이 사랑을 내
쫓는다는 의미다.

　이는 통계적으로도 증명이 되었는데, 미국 크레이턴 대학교
Creighton University의 결혼·가족 연구센터에 따르면, 빚은 신혼부
부가 갈등을 겪는 가장 주요한 원인이다. 의식주와 같은 인간의
기본적인 욕구가 충족된다면, 사람의 행복은 가족이나 배우자, 친
구, 종교적 존재와의 관계에 따라 결정된다. 그러므로 진정한 행
복은 진정한 부의 3요소인 가족과의 관계, 건강한 신체, 선택의 자
유가 보장될 때 느낄 수 있다.

　이 모든 것은 '기본적인 생활환경이 보장된다'는 전제가 깔려 있
다. 네팔에서 농사짓는 농부도 먹고 살 걱정으로 밤낮 고민을 한
다면 행복을 느끼기 힘들 것이다. 돈이 없다면 행복하기 힘들다는
사실은 누구나 경험적으로 알고 있다. 돈에 관해 부정적인 생각을
갖는 것은 돈을 내쫓는 일이다. 그러므로 돈에 대한 부정적인 인
식은 우리가 잊어버려야 할 것이다. 돈은 가치중립적이다. 돈은
어떻게 벌고 어떻게 쓰느냐에 따라 그 가치가 결정된다. 사람이

돈의 가치를 결정하는 것이다.

남들에게 뒤지지 않으려고 경쟁적으로 더 좋은 물건을 사고, 더 화려한 라이프 스타일을 유지하는 데 욕심을 내다보면 돈이 자유를 잃게 만드는 악순환에 빠지고 만다. 돈에 이끌려 다니는 삶이 아니라 돈을 이끄는 주체적인 삶을 살기 위해서는 감당할 수 있는 범위 내에서 소비해야 한다. 감당할 수 있는 범위란 굳이 그 금액을 따져보지 않아도 살 수 있는 상태를 말한다. 예를 들어 커피 한 잔의 가격을 보고 '이 커피를 마셔도 될까?'라고 생각하지 않는다면 그것은 감당할 수 있는 범위 내에서 소비하는 것이다.

하지만 벤츠 매장에 가서 벤츠 가격을 보고 '이 차를 사서 어떻게 갚지?'라는 생각이 들면, 그것은 감당할 수 있는 범위 내에서 소비하는 것이 아니다. 굳이 벤츠가 아니라 가장 싼 소형차라도 그런 생각이 든다면, 삶에서 반드시 필요한 상황이 아니고서는 소비하는 것은 옳지 않다. 선택에 따르는 조건과 결과가 고민해 봐야 할 만큼 크다는 의미이기 때문이다. 만약 집을 한 채 사 놓고 그 금액을 어떻게 갚아나갈지 매일 고민하고 있다면, 당신은 집을 살 여유가 없는 것이다. 이렇게 무리하게 소비하게 되면 빚이 당신의 삶을 옥죄게 된다.

'만약 … 한다면'과 같은 말로 자신을 속이기 시작한다면, 그건 당신이 그것을 살 형편이 안 된다는 경고다.

- "만약에 복권에 당첨된다면 집 한 채를 살 수 있을 텐데."
- "만약에 이번 달에 주식이 예상보다 10퍼센트만 더 오른 다면 고급 외제차를 살 수 있을 텐데."
- "만약에 집값이 2배로 오르면 한강이 보이는 아파트로 이사 갈 수 있을 텐데."

이런 말로 자기 스스로를 안심시킨다면, 스스로를 속일 수는 있지만 결과를 속일 수는 없다. 자신이 원하는 물건을 현금으로 살 수 있고, 앞으로의 상황이 어떻게 변하는지에 관계없이 현재의 지출로 인해 삶이 영향을 받지 않는다면 사도 괜찮지만, 그렇지 않다면 사지 않는 것이 옳다. 진정한 부자들은 그 자리에서 현금으로 포르쉐를 사고, 요트를 구매한다. 그것이 아니라면 빚을 내서 무리한 지출을 하지 않는 것이 좋다. 행복과 멀어지는 지름길이다. 빚은 우리에게 족쇄를 채우고, 노동 시간을 강요한다.

돈은 우리에게 자유를 준다. 우리가 잊어버려야 할 것은 사회가 만들어 놓은 돈에 대한 부정적인 인식이고, 우리가 기억해야 할 것은 돈을 지혜롭게 사용하는 방법이다. 돈은 선택의 자유를 보장해준다. 그리고 그로 인해 부와 행복의 나머지 2가지 요소인 건강과 가족과의 관계를 지키기가 더 쉬워진다.

당신이 돈에 대해 올바른 생각을 가질수록, 당신과 같은 생각을 가진 사람들이 곁에 함께 한다. 이는 진정한 부와 행복을 이루는 가장 완벽한 방법이다. 이러한 생각을 진정으로 믿는 순간부터, 당신이 성공으로 나아가기 위해 꼭 필요한 사람들이 당신 곁에 함께 할 것이다.

"한 개의 촛불로 많은 촛불에 불을 붙여도
처음 촛불의 빛은 약해지지 않는다."
-탈무드

Chapter 3

초지능 3단계

흡수

두뇌 성장의 알고리즘

지금부터 마음의 문을 열고, 부족함을 인정한 당신에게 제대로 성장할 수 있는 궁극적 성장법을 알려주고자 한다. 그 첫 번째 방법은 바로 '액션 리딩'이다. 액션 리딩의 중요함을 깨닫게 된 건 내가 미국 AIG 그룹 부사장을 수행통역했을 때였다.

2박 3일간의 국제 행사가 끝나고 신라호텔에서 인천공항으로 이동하는 차 안에서 미국 AIG 그룹 부사장님께 그동안의 일정 동안 함께해서 영광이었다고 말하면서, 개인적인 질문을 하나 해도 되는지 물어봤다. 그는 흔쾌히 수락했고, '그의 인생에서 성공하는 데 도움을 줬던 가장 중요한 습관'이 무엇인지 물어봤다. 그는 잠시 생각하더니 정장 안쪽에서 자신이 쓰는 수첩을 꺼내서 보여줬다. 그러면서 자신의 업무, 목표 등을 나열하면서 자신은 항상 모든 업무와 목표를 'compartmentalize구획화하다'한다고 말했다. 보통 사람들이 말하는 'prioritize우선순위를 정하다'와 비슷한 개념이지만, 자신만의 분류 체계에 따라 업무를 구분해 놓고, 개인적인 목표와 회사 차원의 목표를 나눠놓는다는 점에서 우선순위를 세우는 것과는 조금 다르다고 하였다.

신라호텔에서 인천공항으로 1시간 동안 이동하는 차 안에서 수많은 이야기를 나눴지만, 집으로 돌아오는 길에 머릿속에 계속 맴돌았던 단어는 '컴파트멘털라이즈'였다. 집에 도착해서 책상에 앉자마자 빈 A4 용지 위에 큰 글씨로 'compartmentalize'라고 적어놓고, 그 밑에 내가 이루고 싶은 목표를 돈, 외모, 집, 차 등을 기준으로 나눠서 적어놓게 되었다. 적은 김에 이왕이면 눈으로 보면서 제대로 시각화할 수 있도록 옆에 멋있는 사진도 함께 붙여놓았다. 처음 만드는 거라 덕지덕지 붙은 사진에 글씨까지 엉성해 보였지만, 다 만들고 나니 이미 기준에 따라 세워놓은 목표들이 이뤄진 것처럼 뿌듯했다. 매일 적어 놓은 목표를 보았고, 몇 년 지나지 않아서 원하던 것 대부분을 이루었다.

"당신의 삶을 성공으로 이끈 습관이 있다면 알려주세요."

매번 수행 통역을 할 때마다 마지막 인사에서 비슷한 질문을 한다. 그때마다 항상 새로운 통찰력을 얻게 되고, 이를 내 삶에 적용하게 된다. 그럼 마치 게임 캐릭터가 새로운 무기를 얻고 레벨 업을 하는 것처럼 더 빠르게 성장하는 동력을 얻는다. 하지만 세계적으로 유명한 사람들을 다 만나서 이렇게 물어볼 수도 없고, 실질적으로 한 개인이 그렇게 하는 것은 가능하지도 않다.

그런데 재밌게도 아주 쉬운 방법이 있다. 그게 바로 '독서'다. 우리가 아는 대부분의 성공한 사람들은 모두 책을 썼다. 그것도 자신의 모든 성공 비밀을 정말 있는 그대로 다 알려주는 책 말이다. 그래서 책을 읽을 때 '한 사람의 인생에서 가장 중요한 노하우를 배운다'는 생각으로 읽는다. 마치 이동하는 차 안에서 가슴 떨리는 마음으로 성공한 사람에게 비밀 이야기를 하나 듣는 것처럼 설레는 마음으로 책을 펼친다. 그리고 책 속에서 가장 중요한 내용, 삶에 적용할 수 있는 내용을 모두 다 내 것으로 흡수하기 위해 노력한다. 책을 이런 마음으로 읽으면 정말 매번 새로운 무기를 획득해서 레벨 업 하는 것과 같다.

그러므로 독서를 했다면 단지 성공의 비밀을 깨닫는 것에서 멈추면 안 된다. 반드시 깨달은 내용을 삶에 적용하고 실천해 봐야 한다. 그래야 성장할 수 있다. 한마디로 내 마음을 열고 모든 생각을 내려놓으며 저자의 지식을 빨아들이고 생각을 복사하여 성장을 위한 모든 지식을 흡수하는 것. 이를 통해 뇌를 최적화시키는 것, 이를 '액션 리딩'으로 정의한다.

액션 리딩 = 독서를 통해 깨달은 내용을 내 삶에 적용하는 것

액션 리딩은 배운 내용을 직접 실천해 봄으로써 체계적이고 통합된 지식을 얻을 수 있도록 만든다. 이를 통해 '결정화된 지식'을 얻을 수 있게 된다. 영어를 잘하고 싶다면, 영어 공부와 관련된 책을 읽고, 내가 부족한 부분을 알려주는 내용 밑에 '이 내용을 어떻게 내 삶에 적용할 수 있을지'를 적고 잠깐 생각해 본다. 그리고 당장 적용해서 실천해 본다.

자기 계발도, 마케팅도, 사업도, 인간관계도, 돈을 버는 방법도 동일하다. 내가 부족한 부분을 인지하고 인정했다면, 책을 읽으면서 반드시 부족한 부분을 보완할 수 있는 방법을 찾을 수 있다. 그렇다면 그 부분을 삶에 적용하고 실천하면 된다.

이 책을 읽으면서 아직도 마음의 빗장을 걸어 잠그고 있거나 마음의 팔짱을 끼고 있지는 않은가? 이상적인 자아상이 중요하다는 사실은 깨달았지만 정작 당신이 되고 싶은 이상적인 자아상은 무엇인지 생각해 보지 않은 것은 아닌가? 시각화와 선포의 중요성을 읽으면서 고개는 끄덕거렸지만 '나중에 한 번 기회가 되면 해봐야지'라고 생각한 것은 아닌가? 그럼 지금 바로 책을 덮어놓고 앞에서부터 다시 한번 차근차근 실행에 옮겨야 한다. 이것이 바로 액션 리딩이다.

오늘날 사람들은 스마트폰에 빠져 1년에 책 한 권도 제대로 읽지 않으며, 글쓰기라고 해봤자 인스타그램에 올리는 짧은 한 줄이 전부다. 이렇게 되면 사람들은 시간이 갈수록 똑똑해지는 것이 아니라 멍청해지는 게 아닐까 싶다. 반면에 스마트폰의 노예가 되지 않고 평소에 책을 많이 읽으면서 이를 실천에 옮기는 사람들은 지속해서 고급화된 정보를 활용해서 엄청난 성장을 이룬다.

나는 원래 공부를 못했던 학생이었기에 공부 머리도 없었고, 사업적인 센스도 없었다. 그런데 돈도 없고, 가난했던 내가 이 치열한 사회 속에서 생존하기 위해 미친 듯이 책을 읽고 책을 출간하기 위해 글쓰기를 시작하면서 끊임없이 새로운 영감과 아이디어가 떠오르고 행동력도 강해졌다. 누군가가 나에게 총구를 들이밀고 당신의 인생을 극적으로 바꾸고, 성장을 이룬 비밀을 단 한 가지만 말하라고 하면 '독서'라고 대답할 것이다.

글을 읽는 사람과 읽지 않는 사람은 문해력은 물론이고 새로운 지식을 이해하고 받아들이는 속도가 엄청나게 차이 난다. 다른 사람과 대화하고, 영화를 보며, 다른 책을 읽으면서도 기존의 지식이 새로운 지식과 결합하면서 엄청난 상호작용을 일으킨다. 창의적인 생각이 샘솟고, 아이디어가 마구 뿜어져 나온다. 이러한 아이디어를 내 삶에 적용하고 실행하면서 더욱 빠르게 발전해 나가게 된다.

'책 몇 권 읽어봤는데 소용없던데. 자기 계발서는 맨날 책만 읽으라는 뻔한 소리만 하네.'

만약 당신이 이렇게 생각했다면, 본인이 책을 몇 권이나 읽어봤는지 생각해 봐야 한다. 책을 한 권만 읽은 사람이 마음의 팔짱을 끼면 성장이 일어날 수 없다. 아내가 '액션 리딩'을 몸소 실천해 주어 책을 몇 권 정도 읽었을 때 실제 성장이 이루어지는지 알게 되었다. 처음에 내가 세운 가설은 100권이었다. 책을 100권을 읽으면 자신의 부족한 부분을 깨닫고 이를 보완해서, 성장하게 된다고 생각했다. 그러나 실제 실험을 해 본 결과, 책을 읽은 경험이 거의 없다면 짧은 기간 동안 집중적으로 책을 읽어도 최소 150권은 읽어야 성장이 시작된다는 사실을 발견했다. 물론 이는 사람마다 다를 수 있다. 나의 아내는 성악을 전공했으며, 학문적인 능력보다는 실용적인 능력이 뛰어난 사람이었다. 책을 읽은 경험이 많지 않았기에 처음 책을 읽으려고 마음을 먹기까지 30분 이상이 걸렸다. 그렇게 힘들게 자리를 잡아서 책을 읽어도 한 시간이면 금세 집중력이 바닥났다. 매일 책을 읽어도 한 권의 책을 읽는 데 최소 일주일이 걸렸다.

2023년 1월부터 8월까지 아내는 내가 엄선한 도서 100권을 읽었다. 처음 10권은 정말로 힘들었고 포기하고 싶은 순간이 많았다. 나도 수많은 의구심이 들었다. '책을 읽는다고 삶이 바뀌는 게 맞나? 책이 아닌 다른 요소 때문에 성장이 일어난 게 아닐까?' 하고 말이다. 하지만 아무리 생각해도 삶에서 가장 큰 성장을 이룰 수 있도록 도와준 것은 바로 '독서'였다. 그래서 오기를 가지고 아내와 함께 이 힘겨운 실험을 계속해 나갔다.

이후 '50권'을 넘기자 아내는 한 번에 4시간도 넘게 앉아서 집중해서 책을 읽을 수 있게 되었다. 그리고 그때부터 조금씩 본인의 부족했던 부분이 눈에 들어오게 되었다. 왜 본인이 독서 모임에 나가면 힘들었었는지, 왜 집중력이 부족했었는지, 왜 공부를 잘하려면 책을 읽어야 하는지 스스로 깨닫게 되었다.

'100권'을 넘기자 아내는 2가지가 확실히 달라졌다. 첫 번째는 기록하는 습관이 생겼다. 하루의 삶을 그냥 흘려보내는 것이 너무 아깝다는 생각이 들게 되었다고 한다. 더불어 '매일 깨닫고 이해하는 수많은 통찰력을 기록해놓아야겠다'는 생각이 든 것이다.

두 번째는 과거에는 도전하기 힘들어서 마냥 읽기를 미루었던 역사와 철학 책에 관심을 갖게 되었다. 논어 원문 해설서를 다 읽었고, 《삼국지》,《초한지》,《열국지》를 소설로 다 읽었다. 정보량이 쏟아지고, 등장인물들의 관계가 복잡한 책이었지만 이 모든 내용은 다 자신의 것으로 흡수하기 시작한 것이다.

그해 10월 읽은 책이 150권을 넘어서는 순간부터 엄청난 변화가 일어나게 되었다. 아내는 예전에 '무언가를 배우려면 무조건 학원에 가서 누군가에게 의지해야만 잘할 수 있다'고 생각했다. 돈을 주고 배워야만 성장할 수 있다고 굳게 믿었던 사람이었다. 하지만 이제는 스스로 책과 온라인 강의를 통해 모든 지식을 흡수하고, 성장할 수 있다고 믿게 되었다. 대학교 때 수백만 원을 영어 회화와 토익 강의에 쓰고서도 토익 시험 한 번 보지 않았는데, 지금은 본인 혼자서 유튜브 무료 강의를 듣고, 책만 가지고 토익 공부를 하며 매달 토익 시험에 응시하고 있다. 지금 당장 점수가 필요한 것도 아니고, 누가 시킨 것도 아니지만 스스로 성장 욕구가 생겨서 이를 달성하는 단계에 이르게 되었다.

더 놀라운 것은 주식과 부동산에 대한 지식수준이 굉장히 높아졌다는 것이다. '왜 우리가 지금 건물 투자가 아닌 아파트 투자에 집중하는지', '왜 국내 주식이 아니라 미국 주식에 더 큰돈을 투자하는지' 등에 관심이 생겼다. 예전에는 단 한 번도 이러한 주제에는 관심을 갖지 않았었다. 그런데 이제는 매일 주식과 부동산 투자에 관해 이야기를 나누기를 원하고, 자유롭게 자신의 의견을 이야기하게 되었다.

단 한 시간도 집중해서 책을 못 읽던 사람이 10개월 만에 150권의 책을 읽고, '성장형 인간'으로 변하다니! 정말 엄청난 변화가 아닌가. 아내는 이를 위해서 모든 일을 중단하고, 미친 듯이 책 읽는 것에만 몰두했다. 수많은 자기 계발서에 1년간 도서관에 틀어박혀서 책만 읽었다는 문장이 나오지 않는가. 그리고 인생이 변했다는 말이 흔하게 등장한다. 이제 이 말이 무슨 말인지 확실하게 알 수 있게 되었다.

그렇다고 이 책을 읽는 당신에게 '지금 당장 모든 일을 그만두고 도서관으로 달려가서 1년간 매일 책을 읽어보세요(물론 그렇게 할 수 있으면 좋겠지만)'라고 말하는 게 아니다. '책을 읽는다고 삶이 달라지는 게 있어?'라고 마음의 빗장을 걸고 반문하는 사람에게 정말로 책을 읽으면 삶이 변화하고, 성장이 이뤄진다는 것을 보여주고 싶을 따름이다.

흔히 '통찰력'이라고 불리는 통합적 사고는 뇌 전체를 통합적으로 사용할 때 발휘된다. 이 지점까지 도달하기 위해서는 최소 100권의 책을 읽는 노력이 필요하다. 그러니 단지 자기 계발서 몇 권 끄적이며 읽어보고 '다 뻔한 얘기네 책 읽는 게 무슨 도움이 되냐'는 소리는 하지 않았으면 좋겠다. 당신이 진심으로 성장하기를 바란다.

100권이라는 말에 지레 겁먹는 사람들을 위해 좋은 소식을 하나 알려주려고 한다. '20권의 법칙'이 있다. 만약 카페 창업을 하고 싶다면, 카페 창업에 대한 책을 20권을 읽어본다. 그러면 자신의 부족한 점이 보이고, 카페 사장으로 이상적인 정체성이 확립되며, 어떻게 카페를 운영하고 마케팅해야 할지에 대한 해결책이 보인다. 그 순간만큼은 초지능 상태에 돌입하게 된다.

실제 카페를 창업하고 나서 매출이 저조해 마케팅 능력에 부족함을 느낀다면 마케팅에 관한 20권의 책을 읽는다. 그러면 마케팅적 사고가 가능해지고, 책에서 배운 내용을 실행하면서 엄청난 노하우와 인사이트를 얻게 된다. 심지어 20권을 읽고 마케팅을 실행하고 나면 마케팅 강의를 해도 될 정도로 성장한다.

이후 사업 규모가 커져서 직원 관리와 경영에 대한 능력이 부족하게 느껴진다면, 경영에 관한 책을 20권 읽으면 자신이 겪고 있는 대부분의 문제를 책을 통해 해결할 수 있다. 여기까지 성장했다면, 그다음부터 부딪치는 세금이나 회계 문제에서도 어떻게 대처해야 할지 감이 잡힐 것이다. 책에서 읽은 대로 나보다 더 똑똑한 사람을 고용해서 문제를 해결하면 된다.

이렇게 한 사이클을 돌리고 나면 하나의 사업체를 성공시킬 수 있고, 또 다른 사업에 도전해도 성공할 수 있는 가능성이 엄청나게 올라간다.

'저는 직장인이라서 책을 읽을 시간이 없어요. 저는 지금 만족하고 돈이 없어도 행복합니다.'

'저는 자영업자인데 매일 일이 끝나면 녹초가 돼서 책을 읽을 수가 없어요.'

'저는 매일 막노동으로 하루 벌어 하루 먹고사는 사람인데 제가 책을 읽는다고 뭐가 바뀔까요?'

여기까지 읽고 나서도 이런 생각을 하는 이들을 위해서 해주고 싶은 이야기가 하나 있다. 막노동으로 하루 벌어 하루 먹고사는 사람도 일주일 동안 영상 편집 기술을 배워서 유튜브에 노가다 일상을 올리는 것만으로도 엄청난 인생 역전의 기회를 붙잡을 수 있다. 실제로 유튜브에 '막노동', '노가다'만 검색해 봐도 정말 많은 청년이 이를 실천에 옮기고 있음을 알 수 있다. 막노동뿐이겠는가. 검색 키워드를 바꿔보면 붕어빵 장사를 하는 것도, 요구르트 배달을 하고, 신문 배달을 하는 것도 영상 콘텐츠가 되는 시대다. 책을 통해 '액션 리딩'을 실천하면 지금과는 다른 성공의 길이 보인다.

책을 읽다가 마음에 드는 구절이 있으면 모두 밑줄을 친다. 그리고 삶에 적용하고 싶은 문장에는 메모도 하면서 읽는다. 한 마디로 최대한 '더럽히면서' 읽는다. 책을 읽는 것 자체가 중요한 게 아니라, 책을 읽고 나서 '어떻게 변화할 것인가', '어떻게 내 삶에 적용해서 성장할 것인가(액션 리딩)'가 더 중요한 문제다.

그러니 내가 얻은 영감이나 깨달음을 계속해서 책에 써넣을 수밖에 없다. 특히 마케팅 분야의 베스트셀러인《핑크 펭귄》은 한 줄도 버릴 문장이 없어서 거의 모든 페이지, 모든 문장에 밑줄을 긋고 내 생각을 빼곡하게 적어가며 읽었다. 나중에 이 책을 본 아내는 "이거 완전 당신 필기로 가득 차 있네요!"라고 말할 정도였다. 책을 한 권 다 읽고 나면 내가 밑줄치고, 필기했던 내용을 한 번에 모아서 노트북에 정리한다. 완전히 나만의 지식으로 정리하고, 삶에 적용하고 싶기 때문이다.

가끔 여기에 내 생각을 덧붙여서 인스타그램에 업로드한다. 그러기 위해서는 글을 대충 쓸 수가 없다. 다른 이들에게 내 생각을 공유하기 위해서 글을 쓰다 보니 긴장감이 수반되고 몰입하게 된다. 과일을 압착시켜서 가장 맛있는 즙을 짜내듯, 책에서 가장 중요한 내용을 요약해서 내 생각을 써 내려간다. 그렇게 포스팅한 게시물에 '좋은 책 소개해 주셔서 감사합니다'라는 댓글이 달리고, 내가 선언한 내용이기에 자동으로 내가 실행해야만 하는 환경이 설정된다. 이러니 성장 속도가 훨씬 더 빨라질 수밖에 없다.

책을 읽은 뒤에도 변화하지 못하거나 성장하지 못한다면 책을 읽는 의미가 없다. 단지 즐기거나 자기만족감에 머무르는 정도다. 중요한 것은 책을 통해 깨달은 내용을 삶에 적용하고, 일과 사업에 변화를 만드는 것이다. 최대한 인생에 도움이 될 내용을 다 흡수 하려 한다. 그때 책의 가치는 최대로 높아지고, 작은 성취가 쌓여 간다. 이를 통해 '내 능력으로 무엇이든지 할 수 있다'는 자기 효능 감이 올라갔고 실제로 원하는 것들을 성취해 나갈 수 있었다.

모든 성공한 사람들이 독서를 한 것은 아니지만, 독서를 많이 한 사람들이 성공한 것은 사실이다. 실제 9,000명 이상의 경영자 를 만났고, 500명 이상의 기업을 상태로 컨설팅을 해온 경영 컨설 턴트인 노다 요시나리野田宜成는 성공한 경영자의 공통점으로 '독서' 를 들었다.

일주일에 최소 한 권의 책을 읽고 있으며, 책을 쓸 때는 집중적 으로 100권이 넘는 책을 읽는다. 그리고 책을 읽으면서 부족한 부 분을 인정하고, 저자의 생각을 최대한 다 흡수하려고 노력한다. 실제 배운 내용을 삶과 사업에 적용하려고 애쓴다. 예를 들어, 빌 비숍의 《핑크 펭귄》에는 다음과 같은 이야기가 나온다.

대부분의 기업은 여러 유형의 고객과 거래한다. 제품을 팔

수만 있다면 고객이 누구든 아무 상관 없다는 식이다. 그러나 이런 식의 초점 결핍은 큰 문제가 될 수 있다. 고객의 눈에 전혀 전문가로 비치지 않기 때문이다. 중국집 창문에 소득신고도 대행한다는 광고가 붙어있다면 어떻게 보이겠는가? 무엇이든 다 하지만 특별히 잘하는 것이 없는 사업체로 보이기 십상이다. 따라서 어떤 고객과 거래하고 싶은지 분명히 정하고, 넘버원 고객 유형에 초점을 맞춰야 한다.

이 글을 읽고 머리를 한 대 얻어맞은 느낌이 들었다. 내가 운영 중인 학원을 돌아보니 중학생과 고등학생을 대상으로 수능과 내신을 모두 가르치고 있었다. '넘버원 고객 유형에 집중하라'는 말을 듣고 보니 내가 운영 중인 학원은 다른 평범한 학원들과 똑같은 '원 오브 뎀'에 불과했다. 잘 가르친다고 아무리 말해도 고객들은 별 차이를 못 느끼는 것이다. 뾰족하고 선명한 정체성이 보이지 않았다. 그제야 사업에 성장이 없는 이유를 깨달았다.

문제를 깨닫고 나서 내가 운영하는 학원의 넘버원 고객 유형을 '상위 1퍼센트 극상위권과 최상위권을 지향하는 고등학생'으로 잡았다. 그리고 그에 맞춰서 '프리미엄 수능 영어 전문학원'으로 브랜딩했다.

처음에는 이 기준에 맞지 않는 학생들을 내보내는 과정에서 약간의 혼란이 있었지만, 이 과정을 거치고 나자 학원의 정체성이 선명해졌다. 다른 학원들과는 차별화된 강점을 지니게 되었고, 현재는 송파, 잠실에서 유일한 프리미엄 수능 영어 전문학원을 운영하고 있다.

이 책에는 이 외에도 보석 같은 아이디어가 20개쯤 더 있다. 단한 권의 책을 읽어도 이렇게 엄청난 성장과 발전을 이룰 수 있다. 이쯤 되면 정말로 마음이 조급해져야 한다. 당신의 경쟁자는 지금도 책을 읽고 미친 듯이 성장하고 있다. 세상에서 제일 무서운 사람은 책을 읽는 사람이 아니라, 그 책을 읽고 적용해서 실천하는 사람이다. 도대체 어떻게 어디까지 성장할지 가늠조차 되지 않는다. 경쟁자가 이 책을 읽고 나처럼 성장하게 될까 두렵다.

다시 한번 강조하지만, 나는 매번 책을 읽을 때마다 펜을 들고 중요한 아이디어 밑에다 '실제 어떻게 이 내용을 적용하고 활용할지'에 관해 적어놓는다. 마구 펜으로 휘갈겨놓기도 한다. 잠자리에 들려고 하다가도 아이디어가 떠올라서 불을 켜고 적어놓을 때도 있다.

이렇게 액션 리딩을 반복하다 보면 무엇을 보든 본질이 빠르게 파악되고, 현명한 의사결정을 내릴 수 있게 된다. 그리고 점점 더 지식과 생각의 힘에 매료되어 간다. 이렇게 빠르게 사업에 성공하고 자리를 잡을 수 있게 된 것은 독서를 통해 반복적으로 내가 부족한 부분을 보완했기 때문이다.

아무리 이렇게 독서의 중요성을 강조해도 여전히 '이거 책 읽으라는 뭐 뻔한 얘기네'라고 하면서 책을 덮고 아무런 행동을 하지 않는 분들도 계실 것이다. 다만 이 책을 읽은 소수의 특별한 이들은 스스로 변화하는 것이 얼마나 중요한지에 대한 깨달음을 얻고 실제 배운 내용을 실천해 보려고 노력할 것이다.

이래서 성공하기는 정말 쉽다. 아무리 좋은 것을 가르쳐 줘도 아무도 하지 않는다. 대부분의 사람들은 '그냥' 지나간다. 실제로 행동에 옮기는 사람은 극소수다. 내가 강연을 다니면서 사람들에게 모든 지식과 노하우를 공개해도 별로 두렵지 않은 이유다. 다 알려줘도 어차피 하는 이는 극소수다. 수없이 많은 사람들을 만나면서 경험했다. 이 책을 통해서 진정으로 변화하고 싶은 마음이 드는가? 그럼 당신은 성장할 가능성을 가진 아주 소수의 특별한 사람이다.

당신과 같은 소수의 특별한 이들을 위해서 지금 당장 변화할 수 있는 방법에 대해서 알려주려고 한다. 이 책을 잠시 덮고 책 표지를 사진 찍는다. 어디서 찍어도 상관없고, 꼭 이 책 사진이 아니어도 괜찮다. 그리고 오늘부터 '한 달에 최소 한 권 이상 책을 읽겠다'는 다짐을 담아 블로그든, 인스타그램이든, 트위터든, 단톡방이든 상관없이 사진을 올리고 선언한다.

사진을 찍고 자신의 다짐을 적어서 올리는 데 걸리는 시간은 단 5분도 채 걸리지 않는다. 이걸 하면서 느껴보았으면 좋겠다. 1톤의 생각보다 1그램의 행동이 더 어렵다. 당신이 이 첫 번째 미션을 완수했다면, 이미 액션 리딩은 시작되었다.

세상에는 언제나 작용과 반작용의 법칙이 작동한다. 당신은 행동은 하지 않고 머릿속에서만 상상의 나래를 펼치면서 인스타그램에서 보여지는 화려한 사람들의 삶을 보고 미래에 월 1,000만 원 이상을 벌고, 서울에 아파트를 살 것이라고 허황된 꿈을 꾸고 있을 가능성이 높다. 하지만 미래 당신의 모습은 '지금부터 당신이 세상에 가할 작용에 따른 모든 반작용의 총합'으로 나타날 것이다. 만약 지금과 다른 삶을 살고 싶다면 실제 행동을 통해 세상에 끊임없이 작용을 가해야 한다.

당신이 이 책에 나온 대로 목표를 적어서 선언하면 무슨 일이 일어나는지 아는가. 당신의 목표를 지지하는 사람과 끌어내리려는 사람이 명확하게 나눠진다. 비꼬듯이 말하는 이는 반드시 걸러야 할 대상 1호다. 당신의 목표를 지지하는 사람들을 곁에 두고, 비난하고 조롱하며 끌어내리려는 이들은 차단해야 한다. 이렇게 하면 목표의 달성 가능성이 급격하게 올라간다.

만약 처음부터 목표를 적고 선언하는 게 겁이 나고 두렵다면, 그냥 종이에 목표를 적고 반복해서 보는 것만으로도 도움이 된다. 밤에 잠들기 전에 목표를 적은 종이를 편안한 마음으로 읽어본다. 그리고 아침에 일어나서 다시 한번 더 읽는다. 정말 간단하지 않은가. 복잡한 방법은 필요 없다. 복잡하면 실행하는 데 큰 노력이 든다. 지금 '당장' 실행할 수 있는 게 중요하다. '목표를 적고 반복해서 읽기.' 이것만 하면 된다.

나는 정말로 이 간단한 방법만으로 내가 원하는 목표를 다 이뤄 냈다. 이렇게 말하면 '뻔한 얘기잖아. 네가 목표를 이룬 건 그냥 네가 특별해서 그런 거야.' '나는 안 돼' '그것보다는 다른 더 좋은 방법이 있을 것 같은데?' 이런 마음이 드는가? 그런 당신의 마음을 충분히 이해한다. 나도 실제 실행하고 경험해 보기 전까지 당신과 같은 생각을 했었으니까.

'뻔한 얘기지만 속는 셈 치고 한 번 해보자. 어차피 돈 드는 것도 아니잖아.' '사실 이루고 싶은 목표가 있었는데, 이번 기회에 글로 한 번 적어보고 매일 읽어보면서 책에서 배운 내용을 실천해 봐야겠다.'

이렇게 마음을 열고 액션 리딩을 하면 진짜 성장이 진행된다. 당신이 진정으로 액션 리딩을 통해 초지능 상태로 진입하기를 바란다. 궁극적 성장을 이룬 당신을 정말로 만나고 싶다.

두뇌 최적화를 위한 책 쓰기

"하루에 8시간씩 열심히 일하다 보면
결국에는 사장이 되어 하루 12시간씩 일하게 될 것이다."
- 로버트 프로스트

1) 왜 당신만의 저서를 가져야 하는가

액션 리딩을 실천하고 여기까지 온 당신에게 지금부터 책 쓰기
를 하는 방법을 설명하겠다. 그냥 단지 글쓰기가 아니라, 아예 책
을 써서 출간하는 방법까지 알려드리겠다. 사람들에게 단순하게
글쓰기를 하도록 하면 대부분은 인스타그램에 짧은 한 줄의 글을
쓰는 것에 그친다. 소수의 사람은 블로그에 글을 쓰고 업로드를
하지만, 이내 몇 편의 글을 쓰고 포기한다. 비싼 돈을 지불하고 '글
쓰기 강의'를 들어도 삶이 변하지 않는 이유다.

정말로 성장하고 인생이 변화하기 위해서는 단지 짧은 글 몇 편
으로는 부족하다. 최소 100권의 책을 읽고, 이를 토대로 한 권의

책을 써야 한다. 방대한 양의 지식을 한 권의 이론적 체계로 통합하고, 이를 많은 이들에게 공개한다. 이를 통해 수많은 피드백을 받고, 방송 출연과 강연 등 새로운 기회를 얻으며, 저자라는 타이틀을 달고 새로운 운명을 개척해 나갈 수 있다.

내 생각을 한 권의 책으로 정리하면, 모든 사고가 명확해지고 말에 논리와 힘이 생기며, 사람들을 흡입력 있게 설득할 수 있게 된다. 만약 당신이 유튜브에서 누군가의 강연이나 인터뷰를 보고, '이 사람 참 말 잘하네', '이 사람 정말 똑똑한 사람인 것 같아'라고 생각했다면, 분명 책을 쓴 사람이거나 글쓰기를 반복적으로 훈련했을 것이다. 정돈된 말은 정돈된 생각에서 나오고, 정돈된 생각은 글쓰기로 이루어진다. 내가 생각하는 성장은 단순히 블로그에 글 몇 편 작성하는 게 아니라 이 수준까지 도달하는 것이다.

한 편의 글을 쓰기도 어려운데 한 권의 책이라니 나에게는 '너무 불가능하고 굉장히 어려울 것 같다'고? 그래서 지금부터 책 한 권을 쓰고 출간하는 것을 목표로 마치 옆에서 과외를 해주듯 책 쓰기의 모든 설계도를 하나씩 풀어가려고 한다. 이를 다 읽고 나면 '생각보다 책을 쓰는 일이 해볼 만하고, 나도 충분히 할 수 있겠다'는 생각이 들 것이다.

《뼛속까지 내려가서 써라》의 저자 나탈리 골드버그Natalie Goldberg는 '나는 왜 글을 쓰는가?', '나는 왜 글을 쓰고 싶어 하는가?'란 질문에 스스로 답해보라고 말한다. 자신의 저서를 가지면 가치는 측정할 수 없을 만큼 올라간다. 나는 책을 쓴 뒤 책을 읽는 위치에서 책을 쓰는 위치로, 사인을 받는 위치에서 사인을 해주는 위치로, 강연을 듣는 위치에서 강연하는 위치로 변했다. 한마디로 책을 쓴 후 인생이 달라졌다.

나만의 저서를 갖는 이유Why를 명확히 아는 것은 원고를 끝까지 완성시킬 수 있는 원동력이 된다. 물론 책을 쓰는 과정은 절대 쉽지 않다. 평균적으로 한 권의 책을 완성시키는 데는 짧게는 6개월 길게는 1년이 넘는 시간이 걸린다. 중간에 수많은 위기와 어려움들이 책 쓰기를 방해한다. 하지만 나만의 저서를 가져야 하는 이유를 아는 이는 책을 쓰는 과정에서 일어나는 위기나 어려움에 흔들리지 않고 끝까지 나아간다. 책을 써야 하는 이유를 아는 사람은 책을 쓰는 기간 동안 삶에서 유혹이 될 수 있는 많은 것들을 포기하는 결단決斷을 한다. 내가 드는 책을 쓰는 이유는 다음의 5가지다.

첫 번째, 책은 내가 가진 모든 스펙을 초월하게 만든다. 나는 영어 교육 전공자도 아니고, 국외에서 대학을 나오지도 않았다. 심지어 미국이나 영국, 호주에서 유학을 한 경험조차 없다.

아이러니하게도 내가 '한국에서만 영어를 공부했다'는 사실은 많은 사람들이 공감할 수 있는 스토리가 되었다. 책을 쓰는 과정에서 수많은 책을 읽고, 영상을 보며, 사람들을 만나고, 그들의 영어 공부 노하우에 대해 인터뷰하면서 영어 분야의 전문가가 될 수 있었다. 책을 쓰고 나면 석사나 박사 학위가 없더라도 나만의 전문 영역을 가질 수 있게 된다. 스토리가 스펙을 이기는 것이다. 책이 가지는 힘은 그만큼 위대하다.

두 번째, 책은 생명력을 가지고 있다. 책은 나를 대신해서 수많은 사람에게 나만의 스토리와 지식을 전한다. 책은 내가 자는 동안에도, 아파서 병원에 가 있는 동안에도, 여행을 가 있는 동안에도 많은 사람들에게 읽힌다. 24시간 자신을 대신해서 나의 스토리와 지식을 수많은 사람들에게 알리는 역할을 하는 것이다.

2016년 3월에 출간된 이래로 수많은 학생들은 《수능 영어영역 기출분석의 절대적 코드》로 공부하고 있다. 지금까지 블로그를 통해 3,000번 이상 공유가 이루어졌고, 매일 10개 이상의 메일을 통해 책을 읽고 궁금한 점이나, 공부법에 대한 문의가 들어온다. 일산에 있는 학원 원장님이 책을 읽고 세움영어 프랜차이즈 지점을 일산에 설립하고 싶다는 제안을 하기도 하고, 새로운 책을 출간하자던가 함께 강의하자는 제안도 많이 들어온다. 이처럼 책은 긍정적인 영향력으로 책을 읽는 이들에게 당신을 알리는 역할을 한다.

　세 번째, 책은 또 다른 기회의 문을 열어준다. 나에게 책 출간은 많은 기회를 주었다. 두 번째 책을 크라우드 펀딩으로 출간하면서 5,000명이 넘는 페이스북 친구들과 소통할 수 있는 기회를 얻었고, 이를 통해 평생을 함께하고 싶은 3명의 사람들을 만났다. 크라우드 펀딩 회사 와디즈와 아프리카 TV 본사의 지원을 받아서 스타 BJ와 함께 스튜디오에서 촬영하며 수많은 사람들과 소통하기도 했다. 저자로서 3,000명이 넘는 이들 앞에서 스피치할 수 있는 기회를 얻었던 것도, 지금까지 '지식 창업'에 관한 강의를 통해 1,000명이 넘는 수강생을 배출해 내는 강연을 할 수 있던 것도 모두 책을 출간했기 때문이었다. 책이 가진 영향력은 언론 인터뷰보다 크다. 책은 당신이 상상하시도 못한 수많은 기회를 당신에게 몰고 온다.

네 번째, 책은 자신의 가치를 올려준다. 나는 책을 쓰고 난 뒤에 강의할 수 있는 무대가 넓어졌고 듣는 사람도 많아졌다. 책을 쓰기 전에 강의하는 것과 책을 쓰고 난 뒤에 강의할 때 사람들이 대하는 자세가 달라졌다. 내가 같은 시간을 일해서 벌어들일 수 있는 금액도 많아졌다. 4주 과정을 기준으로 했을 때, 내가 영어를 가르쳐서 한 타임 당 받는 돈은 한 달 기준 48만 원에서 960만 원으로 20배 이상 상승했다. 책을 통해 당신은 당신이 가진 영향력을 넓힐 수 있으며, 더 큰 영향력을 가진 사람들과 함께 일할 수 있다. 책은 당신이 원하든 원하지 않든, 다른 사람들이 당신을 대하는 태도부터 당신의 가치, 당신이 가진 꿈과 시야까지 모든 것을 180도 바꿔놓을 것이다.

마지막으로 책은 퍼스널 브랜딩의 꽃이다. 책은 성공적인 퍼스널 브랜딩의 시작이자 끝이다. 지속적인 책 출간을 통해 전문성을 인정받았고, 내 삶의 가치가 상승했다. 책은 더 큰 무대에서 강연할 수 있는 기회를 주었고, 넓은 영향력과 활동 범위를 가진 사람들과 함께 일할 기회를 몰고 왔다. 책은 지금까지 당신이 갈고닦은 실력이 쌓여서 나온 완벽한 결과물이다. 기회는 이러한 과정을 거친 준비된 자만이 가져갈 수 있다. 퍼스널 브랜딩이란, 결국 준비된 자가 기회를 찾는 과정을 통해 완성된다.

책을 쓴 뒤에 당신의 행보가 예상된다면, 그 책은 콘셉트가 명확한 것이다. 예를 들어, 《수능 기출분석의 절대적 코드》를 쓴다면 '수능', '영어', '교육'이라는 키워드로 강연이 들어올 것을 예상할 수 있다. 많은 학생 및 학부모들과 함께 1:1 컨설팅을 할 수 있으며, 4주, 8주, 12주 수능 영어 교육 과정을 만들어서 수업을 진행할 수도 있다. 강연과 강의, 1:1 컨설팅을 통해 수많은 학생들과 학부모들을 만나면서 노하우와 경험이 쌓이고, 이것이 다음 책을 출간하는 데 큰 도움을 준다. SNS를 통해 자신만의 영어 공부 노하우를 나누면서 나만의 팬이 생기기도 하고, 인스타그램과 온라인 카페, 블로그에 많은 사람들이 방문하기도 한다. 책은 이렇게 당신이 미래에 걸어갈 길을 만든다.

'성공해서 책을 쓰는 것이 아니라 책을 쓰니까 성공하는 것이다'라는 말을 좋아한다. 많은 사람들이 '내가 과연 책을 쓸 수 있을까?'라고 생각하며, 언젠간 나도 성공하면 책을 쓰고 싶다는 막연한 생각만 가지고 살아간다. 당신이 문자, 편지, SNS의 짧은 글을 통해 단 1명의 사람이라도 감동하게 한 경험이 있다면, 당신이 200페이지가 넘는 책을 썼을 때에는 수많은 사람들의 삶을 바꿀 수 있게 된다. 생각은 행동으로 나올 때 강력한 힘을 발휘한다. 막연한 생각은 구체적인 생각을 이길 수 없고, 구체적인 생각은 즉각적인 실행을 이길 수 없다. 당신이 가진 특별함을 온 세상에 알려라. 당신에게는 당신이 꿈꾸는 인생을 창조할 만한 능력이 있다.

나를 가슴 뛰게 하는 모든 문구를 내 주변에 붙여놓는다. 포스트잇에 적어서 지갑에 들고 다니기도 하며, 내 목표가 가득 적힌 버킷리스트 뒤에 붙여놓기도 한다. 목표와 꿈은 강력한 동기부여에 의해 실행으로 옮겨지고, 이는 곧 현실이 된다. 당신이 책을 쓰는 것도 이와 같다. 나는 다음의 3가지 말을 좋아한다. 당신도 이러한 말로 동기부여하여 목표와 꿈을 이루기 바란다.

- 나는 매일 모든 면에서 조금씩 나아지고 있다.
- 내가 소망하는 것들이 하나씩 실현되고 있다.
- 나에게는 내가 꿈꾸는 인생을 창조할 능력이 있다.

2) 세상에 없던 책을 기획하라

"창조를 통해 파괴하라. 그렇지 않으면 도태될 것이다."
– 톰 피터스

집을 지으려면 설계도를 그려야 한다. 설계도에는 집을 짓는 데 필요한 모든 구체적인 사항들이 표시되어 있다. 손에 주어진 설계도만 따라가면, 하나의 완성된 집을 짓는 것은 어려운 일이 아니다. 하나의 완성된 집을 보면, '이 멋진 집을 어떻게 지었을까' 하는 생각에 나는 쉽게 도전해 볼 수 없는 일이라고 생각하기 쉽다. 과정 없이 결과만 보면 성공하기 어렵다는 생각이 든다. 책을 쓰는 것도 이와 같다. 하나의 완성된 책을 보게 되면, '어떻게 이런 책을 썼을까' 하는 생각에 '나는 할 수 없는 일이야'라고 쉽게 단정 짓고 만다. 그래서 수많은 사람들이 버킷리스트 속에 '언젠가 책을 써야지' 하는 생각을 하면서도 쉽게 이루지 못한다. 하지만 책을 쓰는 과정을 살펴보게 되면 '나도 할 수 있겠다'라는 생각이 들 것이다.

집을 지을 때에는 먼저 전체적인 뼈대를 먼저 잡는다. 그다음에 살을 붙이는 것이다. 책을 쓸 때도 먼저 책의 뼈대를 잡는 과정을 거친다. 한 권의 책은 280페이지를 기준으로 했을 때, A4 용지 100장 분량이 나온다. 만약 8개의 챕터가 있고, 각각의 챕터 안에 5개의 소제목을 '소챕터'라고 한다면 총 40개의 소챕터가 나온다. 각 소챕터 별로 A4용지 2페이지 반씩만 쓰게 되면 한 권의 책이 완성된다. 하루에 하나의 소챕터를 완성한다면, 총 40일 만에 한 권의 책을 쓰게 된다. 아래는 실제 내가 출간한 책 《지식을 돈으로 바꾸는 기술》의 목차다.

Chapter 01. 당신만의 스토리를 만들어라

1. 새로운 세계를 만드는 또 다른 방법

2. 이것은 기회의 또 다른 이름이다

3. 지식이라는 불타는 플랫폼

4. 스토리가 아이디어를 이긴다

5. 세상을 움직이는 법칙은 생각보다 간단하다

Chapter 02. 나만의 1인 기업을 설립하라

1. 누가 당신의 삶을 소유하고 있는가

2. 어떻게 돈을 벌어들일 것인가

이처럼 전체적인 뼈대를 잡았으면, 이제 세부적인 부분을 생각해 볼 차례다. 시작은 어떤 분야의 책을 쓸지 정하는 것이다. 대중서는 인문, 자기 계발, 처세, 경제, 경영, 고전, 종교, 자녀 교육, 심리, 철학, 재테크, 부, 성공, 고전, 태교, 예술, 요리, 건강, 외국어 등으로 나뉘어 있다. 에세이, 소설, 시 등 문학 장르로 나뉘기도 한다. 당신이 첫 번째로 써야 하는 주제는 당신의 전문 분야와 일치하는 것이 좋다. 내가 계속해서 공부하고 성장하고 싶은 분야라면 금상첨화다.

나의 전문 분야는 '영어'이므로 사연스럽게 외국어 분야의 책을 쓰게 되었다. 수능에 관한 강의를 하고 있었기 때문에 수백 번에 걸쳐 기출문제를 분석한 경험과 노하우를 바탕으로 기출문제에 관한 17개의 변하지 않는 출제 원칙을 정리했다. 영어도 하나의 언어이므로 국어 영역과 유사한 부분이 많이 있을 것이라고 생각했다. 국어 영역의 논리를 영어 영역에 적용해서 하나의 완성된 논리체계를 만들었다. 학생들이 이러한 논리를 따라감으로써 자연스럽게 수능을 출제하는 출제자의 시각을 가질 수 있게끔 책을 구성했다.

책을 쓸 분야를 정했으면, 그다음으로는 독자층을 정해야 한다. 영어에 관한 책도 초·중·고등학생, 대학생, 직장인 등으로 나눌 수 있다. 수능 영어영역에 관한 책을 썼기 때문에 독자층이 자연스럽게 수능을 공부하는 고등학생으로 정해졌다. 조금 더 세분화한다면, 최상위권을 지향하는 중학교 3학년 학생부터 수능을 출제하는 출제자의 논리와 시각에 대해서 알고자 하는 고등학교 1,2학년 학생과 최종적으로 수능의 모든 출제 이론을 정리하고 싶은 고등학교 3학년 학생이 될 것이다.

독자층이 구체적으로 정해지면 정해질수록, 더욱 독자들에게 도움이 되는 내용이 담긴 책이 완성될 가능성이 높다. 이처럼 장르와 분야를 정하고 주요 독자층을 디테일하게 설정해 나간다. 이렇게 한다면 책의 방향성을 명확하게 설정할 수 있다.

쓰고자 하는 책의 분야와 독자층이 정해졌으면, 경쟁 도서를 분석하는 과정을 거쳐야 한다. 이는 책 쓰기의 가장 중요한 과정 중 하나다. 책을 쓰기 전에 내가 쓰고자 하는 콘셉트나 주제에 관한 경쟁 도서를 20권 정도는 읽는다. 그리고 책을 쓰기 전에 그 책들을 먼저 분석한다. 수능 영어영역에 관한 책을 쓰고자 마음을 먹고 광화문 교보문고에 가서 수능에 관한 모든 책들을 하나씩 하나씩 살펴보았다. 베스트셀러를 위주로 책을 선정해서 왜 이 책이 잘 팔릴 수밖에 없는지 분석했고, 아쉬운 점은 무엇인지 생각했다. 그날 수능에 관한 25권의 책을 사서 캐리어에 가득 채워 집으로 돌아왔다.

그날부터 2주 동안은 누구도 만나지 않고, 조용히 책을 읽어 내려갔다. 얇은 노트를 하나 사서 반으로 접은 뒤에 왼쪽에는 책의 장점을 적고, 오른쪽에는 책의 부족한 점을 적었다. 경쟁 도서의 목차를 살펴보면서 좋은 문구나 제목이 있으면 노트에 적어두었다. 2주 동안 같은 과정을 반복하다 보니, 수능 영어영역 출판 시상의 흐름이 보이게 되었다. 어떤 책은 이론에 치중한 나머지 학생들이 쉽게 접근하고 이해하기 어려운 내용으로 가득 차 있었다. 어떤 책은 내용은 좋지만 학생들이 충분히 연습할 만한 양질의 문제가 제공되지 않았다. 또 다른 책은 연습 문제는 굉장히 많지만 학생들을 가이드 해줄 만한 훌륭한 이론과 논리가 부족했다.

이러한 분석을 바탕으로 국어영역 베스트셀러 한 권을 선정해서 그곳에 나온 논리와 이론들을 영어영역에 적용하였다. 이렇게 논리적인 체계를 만들고 나서, 학생들이 충분히 연습해 볼 수 있는 양질의 문제를 제공하고, 여기에 나만의 색깔이 담긴 노하우와 해설을 만들었다. 훌륭한 이론과 문제를 제공할 뿐만 아니라, 나만의 노하우와 색깔이 들어간 책을 쓴 것이다. 그리고 경쟁 도서의 문구나 광고 카피의 키워드를 벤치마킹해서 나만의 문구와 광고 카피로 재탄생시켰다. 제목과 목차 모두 이러한 경쟁 도서 분석을 통해서 성공적으로 완성해 나갈 수 있다.

경쟁 도서를 분석하면, 나만의 특별한 콘셉트가 생긴다. 콘셉트는 출판사가 출판을 결정하는 가장 중요한 요소 중에 하나다. 내가 쓰고자 하는 책의 분야에서 어떤 책들이 출간되어 있는지 알고 그 책들이 가진 콘셉트를 파악하고 나면, 차별화된 책을 쓸 수 있는 힘이 생긴다. 수많은 베스트셀러가 다른 책들과 차별화된 콘셉트를 가지고 성공했다. 공부법 분야의 베스트셀러인《완벽한 공부법》의 저자는 자신의 차별화된 콘셉트를 다음과 같이 설명한다.

"지금까지 이런 '공부법' 책은 없었다. 수많은 공부법 책이 있지만, 많은 책들이 한 사람의 인지적 활동인 공부에 대한 본질적인 이해가 '결여'된 상태에서 개인의 특정 '경험'을 과학적 근거 없이 경솔하게 일반화하거나 공부를 '시험'이라는 협소한 영역에 국한하고 있다. 하지만 '완벽한 공부법'은 다르다.

이 책은 교육학, 인지심리학, 뇌 과학, 행동경제학 등이 밝혀낸 이론을 통한 과학적 접근뿐만 아니라 실제 수천 명의 학생 및 직장인들과의 상담을 통해 축적된 실전적인 노하우가 함께 담겨 있다. 공부의 본질에 그 어떤 책보다 가깝게 다가섰으며, 실질적으로 도움이 되는 공부법을 종합적으로 제시하고 있다."

이처럼 이 책은 기존의 경쟁 도서를 분석한 내용을 바탕으로 자신만의 차별화된 점을 부각하고 있다. 지금까지 수많은 공부법 책들이 출간되어 있지만, 개인의 경험이나 시험에 관한 내용들이 주를 이루었다. 이 책은 다방면의 이론을 바탕으로 정말 '완벽한' 공부법을 완성하기 위해 노력했다. 여기에 수많은 사람들을 상담했던 저자의 실제적인 경험을 더함으로써 책에 자신만의 색을 입혔다. 경쟁 도서를 분석하는 것은 이처럼 차별화된 콘셉트를 만드는 중요한 과정이다.

3) 사람들이 갈망하는 목차를 완성하라

"'다른 이에게 대접받고자 하는 대로 다른 이를 대접하라' 는 말처럼 모든 것은 아주 단순하다."
- 오프라 윈프리

피카소는 현대 미술에서 창조적인 아티스트로 평가된다. 기존의 회화 기법과 전혀 다른 입체파 큐비즘Cubism을 주도적으로 만든 인물이기 때문이다. 피카소는 창조성을 강조하는 얘기를 하면서 다음과 같은 명언을 남겼다.

"저급한 예술가는 베끼고, 위대한 예술가는 훔친다."

이는 위대한 예술가란 단순한 모방과 카피에서 벗어나서 기존의 창작물에서 영감을 받아 완전히 새로운 것으로 변화시키는 사람이라는 사실을 드러낸다. 그 수준에 이르려면 기본에 충실하며 많은 양의 작품들을 계속해서 소화하는 과정을 지속해서 거쳐야 한다. 책을 쓰는 것도 이와 같다. 좋은 책을 쓰기 위해서는 기본에 충실하며 많은 양의 경쟁 도서와 참고도서를 계속해서 읽고 분석하는 과정을 거쳐야 한다.

경쟁 도서와 참고도서는 그 의미가 다르다. 경쟁 도서는 정독이 기본이 되어야 한다. 경쟁 도서는 막연한 콘셉트를 명확한 콘셉트로 만들어주는 길라잡이 역할을 하며, 취하고 적용할 것이 많다. 하지만 참고도서는 말 그대로 '참고'해야 할 도서다. 그래서 정독이 필요 없다. 필요한 부분을 찾아 읽으면서 필요한 내용을 취하고, 적용해 나가면 된다. 참고도서는 모르는 것을 찾아볼 때 쓰는 백과사전의 역할을 하기도 하고, 내 책의 많은 부분을 채워주는 자료나 사례집의 바탕이 되기도 한다.

어떤 책에서 내 책에 필요한 명언 하나만 활용이 되어도 책을 쓰는 데 참고한 책이기에 참고도서다. 내가 쓰려는 책의 목차와 참고도서의 목차에 겹치는 키워드가 있으면 그 부분만 찾아서 읽어본다. 그 부분을 통해 아이디어를 얻고, 사례와 명언, 메시지를 활용할 수 있는 책으로 참고했다. 이처럼 한 권의 책을 쓰는데 수십 권이 넘는 책을 읽는 것은 자연스러운 일이다. 그래서 저자들 사이에서는 한 권의 책을 쓸 때마다 100권의 책 읽기는 덤으로 가져간다는 말도 주고받는다. 그렇기에 대한민국에서 가장 책을 많이 사는 사람들은 사실 '저자'들이다.

많은 사람들이 창의적인 제목과 목차를 쓰고 싶어 한다. 이는 무에서 유를 창조하는 것이 아니라, 유에서 새로운 유를 창조하는 과정이다. 그러므로 성공적인 책 제목을 쓰고 싶으면, 베스트셀러 책 제목을 분석하는 과정이 도움이 된다.

예를 들어, '용기'를 키워드로 책을 쓴다면, 300만 부 이상 팔린 베스트셀러 《미움받을 용기》를 참고할 수 있다. 이렇게 해서 《버텨내는 용기》, 《상처를 넘어설 용기》, 《자신을 위해 사는 용기》, 《1그램의 용기》, 《인생에 지지 않을 용기》, 《나와 마주 서는 용기》 등과 같은 책들이 나왔고, 이들 중 일부는 베스트셀러가 되었다.

키워드에 관한 책 제목을 분석한 뒤에 나만의 책 제목을 만들어야 한다. 성공적인 책 제목을 구성하는 3가지 조건은 다음과 같다.

- 책 내용이 예상되거나 핵심이 되는 내용의 키워드가 들어가야 한다.
- 반전의 묘미가 있거나 독자들의 호기심을 끌 수 있어야 한다.
- 시대적 키워드나 사회적 분위기를 잘 간파한다면 유리하다.

예를 들어, 공부법 베스트셀러 중 하나인 《7번 읽기 공부법》은 위의 조건들에 부합한다. 우선 '공부법'이라는 키워드가 있기에 책 내용이 예상된다. '7번 읽기'와 '공부법' 두 의미가 주는 연관성이 궁금증을 불러일으킨다. 공부하는 학생들은 다양한 공부법에 관심을 가지고 있어서 '7번 읽기'라는 단어는 독자들을 매력적으로 끌어당긴다. 복잡한 생각을 거치지 않고 단순히 한 권의 책을 '7번 읽는' 것은 누구나 실천하기에 부담 없다.

매력적인 제목을 결정했다면, 그에 맞는 챕터 제목과 소챕터 제목을 정해야 한다. 그럼으로써 목차가 완성된다. 독자들은 제목, 저자 프로필과 사진, 목차와 서문 순으로 살펴보고 책을 고른다. 아무리 겉표지가 멋지고, 제목이 훌륭해도 챕터 제목과 소챕터 제목이 매력적이지 않다면 독자들의 선택을 받지 못한다. 성공한 베스트셀러가 단 한 줄의 문구로도 강렬하게 사람들의 시선을 사로잡듯, 독자의 시선을 사로잡는 목차는 따로 있다. 매력적인 목차를 만드는 방법은 다음과 같다.

첫 번째, 어떤 내용을 쓸 것인지 정리한다. 책을 쓰려는 분야의 베스트셀러 책들을 한곳에 모아두고 책을 구성하고 있는 핵심적인 키워드를 분석한다. 책의 제목만 쳐다보고 있어도 어떤 내용을 쓸지 아이디어가 떠오르곤 한다. 일단 전체적으로 어떤 내용을 쓰고 싶은지 떠오르는 내용을 종이 위에 아무렇게나 적어 보는 과정이 필요하다. 그러다 보면 자연스럽게 책에 써야 할 중심 내용이 서서히 잡히게 된다. 예를 들어, '리더십'에 관한 책이라면 '리더십이 리더 주위에 모이는 사람을 결정한다', '사람들은 자신보다 더 강한 사람을 따른다'와 같은 내용이 중심 내용이 될 수 있다.

두 번째, 중심 내용이 정해지면 이를 매력적인 목차로 바꾸는 과정이 필요하다. 이를 위해서 경쟁 도서와 참고도서를 읽으며 책 제목과 부제, 광고 문구, 목차, 책 내용에서 활용할 수 있는 키워드 혹은 문장을 찾는다. 예를 들어, '리더십이 리더 주위에 모이는 사람을 결정한다'라는 중심 내용을 목차로 쓰기 위해서는 '끌어당김의 법칙'이라는 키워드로 제목을 쓸 수 있다. '사람들은 자신보다 더 강한 사람을 따른다'라는 중심 내용은 '존경의 법칙'이라는 제목으로 쓸 수 있다.

매력적인 목차를 만들기 위해서는 경쟁 도서와 참고도서를 읽는 것뿐만 아니라, 온라인 서점의 책 소개, 출판사 서평을 읽어보는 것도 도움이 된다. 출판사는 책 소개를 작성하거나 서평을 작성할 때에 책에서 가장 중요하다고 생각하는 내용을 논리적이고 체계적으로 정리해서 글을 올린다. 그러므로 책 소개, 출판사 서평을 읽어보는 것만으로도 책의 핵심적인 키워드는 모두 찾아볼 수 있다.

때로는 누구나 다 아는 글귀 또는 명언을 활용해서 목차를 만들기도 한다. '성공'에 관한 책이라면 인터넷에 '성공 명언' 또는 '성공에 관한 명언'을 검색한다. 그러면 내가 생각하지도 못했던 좋은 글귀, 명언을 발견하기도 하고, 책을 더 수준 높게 만드는 데 도움을 주기도 한다. 이는 매력적인 목차를 만드는 데 큰 영감과 아이디어를 줄 때도 많다.

마지막으로는 삶의 모든 순간 속에서 아이디어를 얻는다. 책의 키워드를 검색해서 관련 기사, 칼럼 등을 통해 아이디어를 얻을 수도 있고, 친구가 했던 말 한 마디나 사람들이 열광했던 광고 문구, 화제가 된 유행어도 영감을 줄 때가 많다. 영화관이나 지하철에 붙어있는 포스터, 길거리에서 나눠주는 광고 전단, 아무 데나 걸려있는 현수막도 목차를 짜는데 아이디어와 영감을 불어넣어 준다.

4) 운명을 바꾸는 원고 작성법

"글을 쓸 때는 모든 것을 내려놓아라. 당신의 내면을 표현하기 위해 단순한 단어들로 단순하게 시작하려고 노력하라."
– 나탈리 골드버그

강연에서 제일 중요한 건 에피소드Episode다. 같은 내용을 말하더라도 어떤 에피소드를 사용하느냐에 따라 청중의 심금을 울리는 강연을 할 수도 있고, 누구나 아는 이야기를 반복하는 지루한 강연을 할 수도 있다. 그러므로 에피소드는 강연을 더욱 감칠맛나게 만들어주는 양념과 같다. 책을 쓸 때 에피소드와 같은 역할

131

을 하는 것이 '사례'다. 아무리 겉으로 맛있어 보이는 음식이라도 양념이 맛이 없으면 음식이 맛없는 것처럼, 책의 겉표지, 목차가 아무리 잘 만들어져 있어도 적절한 사례가 없다면 그 책은 무미건조해질 것이다.

만약 '도전'에 관한 글을 쓰려고 한다면, 대부분의 사람이 '김연아', '박태환'과 같은 운동선수들의 피나는 노력을 떠올릴 것이다. 누구나 떠올릴 수 있는 사례는 독자들에게 큰 감동을 주기 어렵다. 책 쓰기에 가장 좋은 사례는 내 삶을 통해 경험한 것들이다. 내가 직접 도전하고 어려움을 극복하며 목표를 성취한 내용이 독자들에게 가장 큰 울림을 전달한다.

그러나 모든 글에 해당하는 과정을 경험하는 것은 불가능하다. 그럴 때는 독자들에게 깨달음을 주거나 통찰력을 제공하는 사례를 사용하는 것이 좋다. '도전'에 대한 중요성을 얘기할 때 '에스키모인들이 늑대를 잡는 방법'이 떠오른다. 에스키모인들은 늑대를 잡기 위해 칼에 죽은 동물의 피를 묻혀 놓은 뒤에 얼음 위에 꽂아 놓는다고 한다. 그러면 늑대들은 그 칼에 묻은 피를 핥다가 자기 혓바닥에서 피가 나오는 줄도 모르고 그대로 죽는다고 한다.

늑대의 모습은 도전하지 않고 현실에 안주하는 현대인들의 모습과 같다. 정기적으로 나오는 월급에 안주해서 새로운 도전을 꿈꾸지 못하다가 은퇴할 때가 되면 아무런 준비 없이 세상 밖으로 나온다. 실제 에스키모인들이 늑대를 잡는 방법을 떠나서, '도전'에 대해 이야기할 때, 이 사례는 큰 울림을 준다. 깨달음과 통찰력을 주는 사례는 바로 이런 것이다. 좋은 사례를 찾는 방법은 다음과 같다.

먼저 가장 좋은 방법은 평소에 사례를 정리하는 것이다. 베스트셀러 작가들은 대부분 사례를 정리해 둔 엑셀 파일을 가지고 있다. 평소에 꾸준히 책을 읽으면서, '동기부여', '리더십', '재무관리', '사업', '성공', '부', '마케팅', '인간관계', '신앙', '심리', '기술', '예술' 등으로 세분화된 카테고리 안에 깨달음을 얻고 통찰력을 주는 사례를 적어둔다. 평소에 자료를 수집하고 정리하기를 좋아한다면 책 쓰기는 재미있는 작업이다.

내가 읽었던 책도 좋은 사례집이 된다. 책을 읽으면서 중요한 부분에 밑줄 치고, 그 밑에 생각을 적어둔다. 중요한 사례가 될 만한 부분은 형광펜으로 표시해 두고 접어둔다. 그래서 한 권의 책을 읽고 나면 책이 너덜너덜해지기도 한다. 그리고 이런 책을 '보물'처럼 아낀다. 책을 쓰려고 할 때 표시하고 접어둔 부분을 빠르게 훑어보면서 다시 한번 중요한 내용을 상기할 수 있다. 이는 나에게 마르지 않는 샘물과 같이 끊임없는 아이디어와 영감을 준다.

이 책에 따라 성장하는 방법을 따르고 있는 사람이라면, 매주 한 권씩 책을 읽고 썼던 자신의 생각이 중요한 사례집이 된다. 한 편의 글을 쓰기 위해서는 책의 핵심적인 메시지를 담기 위해 키워드를 파악하며 독서하고, 주요한 사례들에 대해 파악하고 있어야 한다. 그 글만 봐도 어떤 내용이 핵심이고, 어떤 사례가 있었는지 알 수 있으므로 매주 책을 읽으며 써둔 글은 단기간에 책을 완성하는 데 큰 도움을 준다.

쉽게 사례를 찾기 위해서는 목차를 염두에 두고 책이나 자료를 읽는 것이 중요하다. 완성된 목차의 핵심적인 키워드를 기억해 둔다면, 일상에서 수많은 사례를 얻을 수 있다. 우연히 들어간 네이버 카페, 신문 기사에서 사례를 찾기도 하고, 어머니가 들려준 내 어린 시절 이야기도 사례가 된다.

오랫동안 써온 다이어리, 일기장에서 글감이나 사례를 찾는 경우도 있다. 가볍게 읽은 신문, 잡지, 칼럼에서 내 책에 필요한 사례를 찾아 스크랩하는 일도 있고, 경쟁 도서나 참고도서를 분석할 때

펜과 메모지, 포스트잇을 옆에 두고 읽는 것도 큰 도움이 된다. 머릿속에 목차의 키워드를 기억하고 다니면, 일상이 하나의 사례집이 된다.

목차에 적합한 사례를 찾은 뒤에는 키워드에 맞게 목차에서 필요한 부분에 적절하게 배치한다. 그렇게 목차를 하나씩 하나씩 사례들로 채워나가면 글을 쓰는 하나의 설계도가 완성이 된다. 건축에도 황금 비율이 있듯이 글을 쓸 때도 황금 비율이 있다. 사례는 책 전체 내용의 30퍼센트를 구성하고, 나머지 70퍼센트는 핵심적인 메시지와 중심 내용으로 구성하는 것이 정석이다. 요리인 글에 양념인 사례가 넘치지 않고 적절하게 배치될 때 원고도 더 빛을 발한다.

이러한 비율에 맞춰서 핵심 키워드와 내용을 중심으로 사례들을 써 내려가면 소챕터 하나의 원고가 완성된다. A4 2장 반의 원고가 완성되면 다음 소챕터를 완성할 수 있고, 그다음 소챕터도 완성할 수 있는 힘이 생긴다. 이를 반복하면 한 권의 책이 완성된다.

노벨문학상을 수상한 세계적인 베스트셀러 작가 어니스트 헤밍웨이Ernest Miller Hemingway는 "모든 초고는 걸레다"라고 말했다.

누구에게나 초고 집필은 어렵고 두렵다. 한 권의 책을 완성하기 위해서는 먼저 한 소챕터를 완성해야 하고, 한 소챕터를 완성하기 위해서는 첫 문장을 쓸 수 있어야 한다. 어떻게 첫 문장을 써야 할지 고민이라면 '마음 내려놓기'가 가장 중요하다. '잘 써야지…' 하는 욕심 때문에 어떻게 쓸지 계속 고민만 하다가 글쓰기를 시작하지 못한다. 이처럼 노벨문학상을 수상한 작가도 초고가 '걸레'라고 한다. 하물며 글쓰기를 체계적으로 배워온 적 없는 일반인의 초고는 더욱 그러하다. 그러므로 처음부터 잘 쓸려는 마음은 내려놓아야 한다.

마음을 내려놓고, 내 머릿속에 떠오르는 말들을 얘기하듯이 하나씩 하나씩 적어내려 가다 보면 첫 문장을 쓸 수 있다. 고민하기 전에 일단 적어본다. 세상 누구도 자신의 초고를 보고 글 실력을 판단하지 않는다.

책 쓰기는 논술 시험이 아니다. 누가 누구를 평가하는 시험이 아니다. 가장 좋은 글의 기준은 '나의 마음에 쏙 드는 글'이다. 그래서 '먼저 쓰고 수정하자'라는 생각으로 글을 쓴다. 수많은 베스트셀러 작가들도 먼저 글을 써놓고 난 뒤에 수정하는 작업을 거친다. 수많은 수정 작업을 거친 뒤에야 한 권의 좋은 책을 얻는 것이다. 이 책도 벌써 10번이 넘는 수정을 거쳤다.

초고를 완성한 뒤에 일주일간 쉬는 시간을 갖는다. 초고를 완성한 뒤에 나에게 주는 선물이다. 초고를 쓰는 기간 동안 못 봤던 영화를 다운로드해서 몰아서 보기도 하고, 아내와 데이트를 나가기도 한다. 연락을 못 했던 친구들과 만나기도 하고, 한동안 뜸했던 SNS 활동을 다시 활발하게 하기도 하고, 서점에 가서 최근 출간된 책들과 베스트셀러를 보고 오기도 한다. 한마디로 책 쓰느라 닫혀 있던 시야를 마음껏 개방한다.

일주일 동안 실컷 놀고 나면 다시 한번 원고를 수정할 힘이 생긴다. 책을 쓰면서 닫혀있던 시야에서 열린 시야로 바뀌면서 내 원고를 객관적으로 볼 수 있는 시각도 가지게 된다. 이 상태에서 초고 수정 작업을 진행한다. 이를 전문용어로 '탈고'라고 한다. 평균 10번이 넘게 초고를 수정하는 과정을 거친다. 매 순간 수정을 할 때마다 세워놓은 나만의 기준이 있다.

초고 수정의 3단계

첫 번째, 수정할 때는 오직 '술술 읽히는 글' 만들기에 집중한다. 술술 읽히는 글은 독자들이 이해가 안되어서 두 번, 세 번씩 반복해서 읽는 글이 아니라, 한 번만 읽어도 무슨 내용인지 쉽게 이해할 수 있는 글을 의미한다. 이를 위해서 처음에는 눈으로 전체적인 글을 읽으며 수정하고, 두 번째는 입으로 소리 내서 읽는 과정을 거친다. 소리 내서 읽으면 눈으로 읽을 때와 다르게 글의 어색한 부분이 보인다. 읽으면서 고치면 글을 군더더기 없이 세련되고 깔끔하게 고칠 수 있다.

두 번째, 수정할 때는 '형식'에 집중한다. 이때에는 초고 전체가 아니라 각 소챕터 마다 초점을 맞추며 모든 소챕터를 하나씩 하나씩 격파해 나간다. 맞춤법이 맞는지, 사례가 소챕터의 제목에 적절한지, 내용이 소챕터의 제목과 일치하는지, 문맥상 흐름이 적절한지를 위주로 모든 소챕터를 점검하며 세련되고 깔끔하게 고쳐 나간다. 이때 원고를 출력하여 수정한다. 컴퓨터로 볼 때 보이지 않던 오타나 수정사항이 출력한 원고에서는 보이는 일이 많기 때문이다.

세 번째, 더 좋은 원고를 만들기 위한 '발전'에 집중한다. 초고를 수정하는 과정 중에서 더 나은 사례를 발견하거나, 책을 읽다가 더 좋은 글쓰기 방법을 발견한 경우에 초고를 한층 더 고급스럽게 발전시키는 과정이다. 시간이 부족해서 참고하지 못했던 도서들을 추가로 더 읽어보고, 경쟁 도서를 다시 한번 읽어보면서 중요한 키워드가 빠지지 않았는지 점검한다.

이렇게 3단계의 과정을 거치고 나면 책의 내용은 누가 봐도 손색없을 정도로 술술 읽히는 세련된 글이 된다. 다이아몬드는 수만 시간 동안 엄청난 압력을 견디면서 탄생한다. 한 권의 책도 다이아몬드와 같다. 짧으면 6개월, 길면 1년 이상이라는 긴 시간 동안 엄청난 압력을 견디며 쓴 책이 빛나는 다이아몬드로서 세상에 나올 수 있다.

이런 과정을 거쳐 한 번 책을 쓴 작가는 다음 책을 더 쉽게 쓸 수 있게 된다. 수많은 책을 읽으며 정리해둔 '사례집' 엑셀 파일과 매일 독서하며 눈에 띄는 색깔 펜과 형광펜으로 표시해둔 수많은 책들이 쌓여있기 때문이다. 그렇기에 책을 쓰기 위해 제목을 정한 뒤 목차를 잡고, 키워드에 따라 적절하게 사례만 배치하면 한 권의 책을 쓸 수 있는 지도가 손에 주어진다. 이 지도에 따라 글을 쓰면 짧은 시간 안에 한 권의 책을 쓸 수 있다. 그러므로 처음이 어렵지 두 번째는 쉽고, 세 번째는 더욱 쉬워진다. 책 쓰기에 가속도가 붙는다.

책 쓰기를 할 때 알아두면 좋은 팁TIP

- 책 쓰기를 할 때 알맞은 원고의 양은 A4 용지 기준으로 100페이지에서 120페이지다.
- MS워드보다는 한컴오피스 한글로 작성하는 것이 좋고, '쪽 번호 매기기' 기능으로 분량을 체크하며 쓰는 것이 계획적으로 글을 쓰는 데 도움이 된다.
- 문체는 '바탕'체로 글자 포인트는 '10 포인트'로 쓴다.
- 기본적인 맞춤법은 F8 키를 통해서 점검하고 F7 키의 편집 용지 양식은 변경하지 말고 기본을 유지한다.
- 갑자기 컴퓨터가 꺼지거나 예상치 못한 상황이 발생할 때를 대비하여 USB 저장 장치에 저장하거나 수시로 메일로 보내놓는 것이 좋다.
- 문단이 바뀔 때에는 한 칸씩 들여쓰기 해서 문단이 바뀜을 구별해 주어야 한다.
- 한 문단에는 한 가지 내용만 담아야 군더더기 없이 깔끔한 글이 될 수 있다.
- 전문 서적이 아니라 대중서이기에 전문 용어는 누구에게나 술술 읽힐 수 있게 이해하기 쉽게 풀어써야 한다.
- '어려운 내용은 쉽게, 쉬운 내용은 깊게, 깊은 내용은 재미있게 쓴다'는 생각이 글쓰기에 도움이 된다.
- 세상에서 가장 좋은 사례는 '저자의 이야기'다. 나의 이야기를 솔직하게 오픈하며 공감할 수 있게 담아야 독자들에게 매력적으로 다가온다.

두뇌의 기능을 증폭시키는 방법

"생각을 바꾸면 세상이 변할 것이다."
- 노먼 빈센트 필

탄탄한 복근과 근육질 몸매를 가진 사람이 매력적인 이유는 단기간에 성취할 수 없는 자산을 가지고 있기 때문이다. 멋진 근육을 갖는다는 건 정말 무척 힘든 일이다. 운동을 해본 사람은 공감하겠지만, 3개월 정도 열심히 운동하면 기본적인 뼈대가 잡히고, 6개월 정도 운동을 하면 조금씩 근육이 붙는다. 그래도 여전히 앙상한 가지에 약간의 덩어리가 덧붙여진 느낌일 뿐이다. 1년 내내 일주일에 3회 이상 꾸준히 운동해야 어느 정도 근육이 붙은 몸이 만들어진다.

지구상에 존재하는 모든 생명체는 주어진 환경에서 '생존과 번식'이라는 단계를 통과한 존재이다. 생존과 번식은 생명체의 가장 강력한 진화론적인 명령이다. 이에 따라 동물은 생존을 위하여 숙명적으로 움직여야 한다. 따라서 지각 기능과 운동 기능이 필요하고, 뇌와 신체를 동시에 발달시켜야 뇌 최적화를 완벽하게 이룰 수 있다. 둘 중 하나라도 부족하면 초지능에 진입할 수 없다. 집을 이루는 두 개의 중요한 뼈대와 같은 것이다.

뇌를 최적화시키고 성장하기 위해 꾸준히 독서와 글쓰기를 하는 것과 마찬가지로 근육을 성장시키기 위해서는 수년간 일주일에 3회 이상 근력 운동을 반복해야 한다. 꾸준히 근육을 자극해야 하는 것이다. 일주일에 두 번 정도의 운동은 몸의 노화를 막고, 행복감을 높이며, 창의성과 의사 결정력을 극도로 높여준다. 당신이 이 책의 내용을 다 이해하지 못하더라도 독서와 운동, 이 2가지만 기억하고 실천해도 성공이다.

"퇴근하고 집에 왔을 때 저는 완전히 지쳐있었습니다. 온몸이 소파에 파묻히고 싶다고 소리를 지르고 있었죠. 그렇지만 저는 휴식을 취하는 가장 좋은 방법이 러닝화를 죄어 매고 밖에 나가서 뛰는 것이라는 사실을 알고 있었습니다. 달리기를 마치고 돌아왔을 때 스트레스는 사라졌습니다. 저는 기분이 더 좋았고, 더 침착했으며, 더 집중할 수 있었죠. 이 사실을 좀 더 어렸을 때 알았으면 좋았을 걸 그랬어요."

《인스타 브레인》 중에서

《인스타 브레인》의 저자 안데르스 한센Anders Hansen에 따르면, 모든 정신 능력은 몸을 움직이면 더 잘 작동한다. 우리는 더 집중할 수 있으며, 기억을 더 잘하고, 스트레스를 더 잘 견뎌낼 수 있다. 이때 격렬한 운동을 하는 것보다는 가벼운 유산소 운동과 다양한 활동이 결합한 운동이 좋다.

매일 테니스를 치거나 헬스장에 가서 근력 운동을 한다. 이러한 규칙적인 운동을 하면 몸이 건강해지고, 삶에 의욕이 생긴다. 저명한 과학자, 예술가들 중에는 젊은 나이에 죽거나 정신분열증 또는 조울증을 앓은 이들이 많다. 이들의 공통점은 하나같이 골방에 틀어박혀서 햇빛도 제대로 보지 않고 연구나 작품 활동만 했다는 것이다.

일부 저명한 과학자, 예술가들과 같이 너무 깊이 있게 몰입적 사고에 빠지다 보면 새로운 영감이 샘솟고, 창의적인 아이디어가 봇물 터지듯이 쏟아져서 신체가 망가지는 것도 모르고 일을 하게 되는 경우가 많다. 이런 상태에서는 정신적으로 흥분과 각성 상태가 돼서 잠을 잘 이루지 못하는데, 이때 규칙적으로 운동하며 땀을 흘리는 것이 도움이 된다.

만약 지금 이 책을 읽으면서도 약간의 우울감, 무기력증을 느끼고 있다면 잠시 책을 덮고 상쾌한 공기를 쐬면서 10분만 산책을 다녀오기 바란다. 그럼 이전보다 훨씬 더 건강해지고, 머릿속이 맑아짐을 느낄 수 있게 될 것이다.

나는 매일 아침에 일어나서 30분씩 걷는다. 아침이면 매일 침대에 5분씩 더 누워있고 싶고, 알람을 끄고 싶은 충동이 강하게 일어나는 마음을 잘 안다. 그런데, 매일 아침 걷기 운동을 하면서 깨달은 사실이 한 가지 있다. 운동을 하면 끝날 때 느낌이 좋다는 것이다. 누구나 운동을 하려고 하면 굉장히 귀찮고 힘들다. 특히 아침 운동은 더욱 고통스럽다. 하지만 막상 땀흘려 운동을 하고 나면 상쾌하고, 몸이 가벼워지는 느낌이 든다. 생각해보면, 나를 성장시키는 모든 활동이 처음에는 굉장히 하기 싫은데 하고 나면 느낌이 좋은 것들이다.

독서도 마찬가지다. 처음 책을 읽으려고 책상에 앉는 게 무척 힘들다. 하지만 집중해서 책을 읽고 나면 굉장히 뿌듯하고, 성취감이 있다. 성장하려면 바로 이렇게 끝 느낌이 좋은 활동을 반복해서 해야 한다.

운동을 하면 실제로 기분이 좋아진다. 운동을 하기 전에는 지금도 피곤한 데 운동까지 하고 나면 '피곤해서 쓰러질 거야'라고 생각하지만, 실제로는 그 반대인 경우가 많다. 운동을 하고 나면 몸은 피곤하지만 머릿속이 리셋된 것처럼 맑아진다. 아침에 눈을 떴을 때와 같은 상쾌한 상태가 된다. 이는 뇌 속에 A9이라고 불리는 신경계 덕분이다. 이 신경계는 운동 능력과 깊은 관련이 있다. 그래서 운동을 하고 나면 행복한 감정을 느끼게 하는 도파민과 집중력과 상상력을 높이는 아세틸콜린이 분비된다. 그뿐만 아니라 세로토닌도 활성화되고, 뇌 속에 마약과 같은 엔도르핀도 분비된다. 30분 이상 유산소 운동을 하면 지방분해를 촉진하는 성장호르몬도 나온다. 운동 후 머리가 상쾌한 느낌이 드는 건 바로 이 때문이다.

그러므로 삶에 의욕이 없거나 아무것도 하기 싫고, 소파나 침대에 누워서 TV를 보면서 매일 '피곤해'를 외치는 사람이라면, 바깥에 나가서 30분 이상 걷기 운동부터 해 보기 바란다. 매일 아침에 일어나서 만성 피로에 시달리거나 술이 없으면 잠에 못 드는 사람이라면, 3킬로그램짜리 가벼운 덤벨이라도 들고 근력 운동을 하는 걸 추천한다. 처음에는 운동 그 자체가 너무 힘들고 몸을 더 피곤하게 만드는 것 같지만, 끝난 후에는 더 건강하고 활력 있는 본인의 모습을 발견하게 될 것이다. 몸이 건강해야 무엇이든 배운 것을 실천할 수 있으며 그래야 성장할 수 있다.

세계적인 엘리트 선수들의 운동 프로그램을 설계한 찰스 폴리퀸Charles Poliquin은 근력 운동을 할 때 촉진되는 단백동화 호르몬은 노화의 주범인 산화 스트레스 지수를 낮추고, 근육과 뼈를 강화한다고 말한다. 근력 운동은 골밀도가 낮아지는 골감소증을 예방하는데도 굉장히 중요한 역할을 담당한다.

건강과 피트니스 전문가인 마크 시손Mark Sassone은 이러한 근력 운동에 일주일에 두세 번은 30분 이내의 유산소 운동을 병행할 것을 추천한다. 유산소 운동을 하게 되면 지방을 태우고, 모세혈관 망을 확장하며 혈압을 낮추고 심장병을 포함한 퇴행성 질환의 위험을 낮추게 된다. 매일 20분만 빠르게 걷는 운동으로도 이러한 효과의 대부분을 누릴 수 있다.

근력 운동이든 유산소 운동이든 이러한 의식적인 움직임은 뇌에서 새로운 뉴런의 생성과 시냅스의 가소성, 새로운 기억의 형성과 보존을 촉진한다. 또한 몸을 움직이고 운동할 때 엔도르핀엔돌핀, Endorphin이 생성되어 행복해지는 기분을 느낄 수 있다.

갤럽 셰어케어 웰빙 지수Gallup-Sharecare Well-Being Index에 따르면, 일주일에 최소 2일 이상 운동하는 사람이 그렇지 않은 사람들에 비해 행복지수가 높고 스트레스를 덜 받는다고 한다.

'운동을 잘한다'는 것은 단순히 신체가 건강해진다는 의미를 넘어선다. 이는 내가 원하는 것을 실행할 수 있는 강인한 신체적 힘을 갖게 된다는 뜻이다. 사다리를 타고 높이 오르고 싶다면 발을 움직여서 한 칸씩 차례대로 밟고 올라가야 한다. 아래에서 위만 쳐다보면서 올라가고 싶다고 생각만 하면 절대 위로 올라갈 수 없다. 반드시 발을 움직여서 사다리를 타고 위로 올라가야 한다. 그래야 위에 있는 목표에 도달할 수 있다.

어느 날 갑자기 공부를 잘하게 되지 않는 것처럼, 어느 날 갑자기 운동을 잘하게 되지 않는다. 일정한 수준의 건강에 도달하려면 일주일에 3회 이상 꾸준한 훈련을 해야 한다.

우리는 '우리가 걷는다'는 사실을 너무 당연하게 생각한다. 하지만 태어났을 때는 네 발로 기어다녔다. 쓰러지고 또 쓰러지고 그러다 가까스로 첫 걸음마를 뗐다. 영어를 잘하려면 단어를 외우고, 문장을 읽는 법을 배워야 하는 것처럼, 아이가 태어나 걷기 위해서는 수백수천 번은 넘어지고 엎어져야 한다. 운동은 결국 삶에 대해서 가르쳐 준다. 이러한 기초가 쌓인 사람은 아무리 고난과 시련이 닥쳐도 흔들리지 않는 것이다. 이게 바로 운동해야 하는 또 다른 이유다.

"링컨은 자신에게 나무를 벨 시간이 여섯 시간 주어진다면 네 시간 동안 도끼날을 갈겠다"라고 말했다. 그만큼 자신의 실력을 드러내기에 앞서서 기초를 닦는 오랜 준비의 시간이 필요하다는 것이다. 마음의 기초를 닦는 것과 더불어 운동을 통해 건강의 기초를 닦는 일은 그 어떤 방법보다 성장을 위한 높은 효율성을 지녔다. 더 빨리해 보겠다고 무딘 도끼로 백날 나무를 베어봐야 힘만 빠지고 시간만 낭비할 뿐이다.

낙숫물이 떨어져서 바위를 뚫듯이, 아무리 오랜 시간이 걸려도 꾸준하고 끈질기게 본질에 집착해서 운동을 반복해야 한다. 그러면 노력한 것들이 흔적이 되고, 내 몸과 마음에 자국으로 남게 된다. 바로 그곳에서 뇌 최적화가 시작된다.

운동을 습관화하게 되면 몸에 나쁜 것은 먹지도 않고, 몸에 나쁜 일은 쳐다도 보지도 않게 된다. 무엇보다 보고 듣고 배운 것을 실천하는 힘이 강해진다. 몸이 건강하면 마음에 긍정적인 생각이 샘솟고 무엇이든 할 수 있다는 자신감이 생긴다. 이는 성장을 위해서라면 반드시 운동해야 하는 강력한 이유다.

"한 개의 촛불로 많은 촛불에 불을 붙여도
처음 촛불의 빛은 약해지지 않는다."
-탈무드

Chapter 4

초지능 4단계

체화

두뇌와 목표의 동기화

"나는 감미로우면서도 단순한 일들이
진정 위대한 것이라는 사실을 깨닫기 시작했다."
- 로라 잉걸스 와일더

어둠 속에서 깊은 산속을 헤매다가 호랑이와 마주쳤다고 하자. 이때는 위기를 어떻게 빠져나갈까 하는 것 이외에는 아무 생각이 없을 것이다. 이 상태가 바로 '몰입'이다. 몰입 상태에서는 한 가지 목표를 위하여 자기가 할 수 있는 최대 능력을 발휘하는 놀라운 힘이 나온다. 자신을 초긴장 상태로 만들어 모든 것을 잊고 오직 단 한 가지 것에만 집중하기 때문에 잠재력을 최대한으로 발휘하게 된다.

마이크로소프트의 빌 게이츠는 '씽크 위크Think Week'라는 생각 주간을 두어 일 년에 두 번, 아무도 없는 자신의 별장에서 일주일씩 시간을 보낼 만큼 몰입적 사고를 중요하게 활용하고 있다.

새벽 2시. 잠을 자다가 눈을 번쩍 떴다. 극도의 긴장감이 내 몸을 감싸고 있다는 게 느껴진다. '내년에도 올해만큼 신입생이 들어올까?' 한 달 내내 이 문제에 대해서 고민했다. 매년 배수의 진을 친다. 수능이 끝나면 모든 학생을 내보낸다. 그리고 두 달간 휴식기를 갖는다. 모든 것을 제로에서 시작한다. 내 머릿속은 온통 이 문제에 대해서 생각하고 있었다.

모두가 잠을 자는 이른 새벽, 이 넓은 우주에 오로지 문제를 생각하는 '나'만 존재하고 있다고 느껴진다. 이것이 곧 몰입이자 인간이 할 수 있는 최대 집중일 것이다. 기분 좋은 긴장감과 함께 고요함이 몰려온다. 당장 생각나는 아이디어들을 노트북에 적는다. 기존의 마케팅 아이디어들을 수정하고, 새로운 아이디어들을 추가한다. 새벽의 고요를 틈타 새로운 영감이 계속 떠오른다. 금방 해결할 수 있을 것 같은 자신감에 묘한 흥분이 되기도 한다. 그렇게 긴장감과 약간의 흥분 상태 그리고 미친 듯이 샘솟는 아이디어 속에서 무언가에 홀린 듯 계속해서 글을 써 내려간다.

어느덧 창문 밖에서 햇살이 비친다. 벌써 아침 7시 40분이다. 나는 그저 고작 1시간 정도 지났다고 느꼈는데, 무려 5시간 40분이나 몰입해서 글을 쓴 것이다. 모든 걸 쏟아내고 나니까 비로소 복잡하게 얽혀있던 문제가 해결된 느낌이 들었다. 모든 문제가 일순간에 사라지는 것이었다. 한 달 동안 나를 괴롭히던 문제를 드디어 해결한 것이다. 알 수 없는 충만한 자신감에 휩싸여 비로소 침대에 몸을 누힐 수 있었다. 세상 그 어느 때보다 달콤한 순간이다.

당신도 이런 경험을 한 적이 있을 것이다. 다만 이 경험을 개념화시켜서 이름을 붙여주지 않았기 때문에 그냥 잊어버리고 만 것이다. 이것이 바로 주어진 문제를 풀기 위해 혼신의 노력을 기울이는 상태, 바로 '몰입적 사고'다. 내가 만난 모든 상위 1퍼센트 최상위권 학생들은 모두 이러한 몰입적 사고를 하고 있었다. 이를 '문제에 대한 집착'이라고 표현하기도 한다. 문제가 풀릴 때까지 미친 듯이 집착하는 것. 이게 바로 성장을 위한 중요한 열쇠다.

이러한 몰입은 심리학에서 이야기하는 자아실현 단계에서 자기 능력을 최대로 발휘하는 최고의 경험Peak Experience에 해당하며 약간의 흥분과 각성 상태를 수반한다.

중력을 어떻게 발견했냐는 질문에 뉴턴은 '오직 한 가지만을 계속해서 생각했다'고 대답했다. 아인슈타인도 '몇 번이고, 몇 년이고 생각했다. 99번 틀려도 100번째에는 해결책을 찾아낸다'고 대답한 바 있다. 단언하건대 만약 몰입적인 사고 없이 탁월한 지적 재능만을 부여받았다면 그들은 위대한 업적을 이루지 못했을 것이다.

뉴턴의 일생을 다룬 《프린키피아 천재》에는 그가 몰입했던 방법이 자세히 묘사되어 있다. 뉴턴은 한 가지 문제를 붙잡으면 밥먹는 것도, 잠자는 것도 잊어버렸다. 특히 밤을 새워 어떤 문제를 해결했을 때는 거기에 만족해서 몸이 상하는 것도 모를 정도였다고 한다. 이러한 뉴턴의 몰입적 사고는 한 문제가 풀릴 때까지 몇 개월, 심지어 몇 년 동안이나 지속되었다.

몰입 이론의 창시자인 미하이 칙센트미하이Mihaly Csikszent mihalyi는 몰입을 '플로Flow'라고 명명했다. 마치 물이 흐르는 것처럼 편안하고 자연스러운 상태에서 몰입이 이루어진다는 것이다. 그는 "몰입은 의식이 경험으로 꽉 차있는 상태가 느끼는 것 생각하는 것이 모두 하나로 통합되는 것이다"라고 말한다.

누구나 이러한 몰입을 경험한다. 아름다운 작품을 보다 보면 마치 그 작품에 내가 빨려 들어가는 듯한 착각이 일어난다. 이러한 '미적인 황홀감'이 몰입의 상태다. 고요한 독서실에서 고뇌하며 수학 문제를 풀다가 시간을 봤는데 어느새 3시간이 훌쩍 흘러가 있다. 아니면 누군가 자신의 어깨를 쳤을 때 화들짝 놀라곤 한다. 이 모든 것이 다 몰입 상태 속에서 일어나는 일이다.

칙센트미하이는 이러한 몰입 상태에 빠지기 위해서는 첫째, 목표가 명확해야 하고 둘째, 문제의 난이도가 적절하며 셋째, 결과의 피드백이 빨라야 한다고 했다. 예를 들어 게임, 도박, 축구 시합은 모두 몰입에 빠지기에 좋은 활동이다. 레벨 업을 하거나 돈을 따거나 시합에서 이겨야 하는 목표가 확실하고, 난이도가 높지 않게 느껴지며, 즉각적으로 승패에 대한 결과가 나오기 때문이다.

우리의 뇌는 자신의 능력보다 약간 더 어려운 과제에 도전했을 때 가장 활성화된다. 자기 능력보다 조금 더 어려운, 그러나 충분히 해결할 만큼 적절한 과제에 도전했을 때 뇌 신경전달물질인 도파민이 분비되고, 도파민이 분비되면 집중력이 향상되며 기억력도 강화된다. 게임에서 레벨이 낮은 하급 몬스터를 잡을 때가 아니라 내 레벨보다 약간 더 강한 보스 몬스터를 잡을 때 게임에 대한 몰입과 집중력이 올라가는 것과 같은 원리다.

이보다 조금 더 고차원적인 몰입은 바로 '사랑에 빠지는 것'이다. 연애 초기, 열정에 사로잡혀 있을 때는 맛있는 걸 먹어도, 잠을 자도, 일을 해도 언제나 그 사람 생각뿐이다. 공부하려고 책을 들어도 언제 연락이 올지 몰라서 집중이 되지 않는다. 오직 단 한 사람에게만 몰입해 있는 상태. 무의식의 욕망이 가장 강력하게 발휘되는 이때가 바로 몰입의 상태다. 그래서 연애는 곧 몰입과 같다. '한순간도 잊지 못하는 상태', 그게 바로 몰입이다. 나는 그의 조언에 따라 몰입적 사고를 하기 위해 다음과 같은 목표를 정해놓았다.

- 열심히 하는 게 중요한 게 아니라 잘 쉬고 잘 놀면서 '잘' 하는 게 중요하다.
- 내 분야에서 정점을 찍자.
- 움직이는 것보다 생각하는 것을 즐기자.
- 몸이 아니라 '머리'를 쓰면서 일하자.
- 한 수업 한 수업을 명품으로, 고유한 작품을 만들 듯 모든 수업에 혼을 담아서 강의하자.

모든 면에서 국내 최고가 되기 위해서 애썼다. 수업하고 교재를 출간하며 경영하고 마케팅하며 학생과 직원들을 관리하는 모든 분야에서 불가능해 보이는 수준의 목표를 잡고 노력했다. 이는 내가 행하는 일이 세상에서 가장 가치 있다는 '믿음'이 전제될 때 가능하다. 실제로 학생들을 가르치고, 그들의 성적을 올리는 일이 세상에서 가장 가치 있는 일이라고 믿는다.

이를 통해 학생들은 인생이 바뀌고, 나는 그들의 인생에 지대한 영향을 미치기 때문이다. 매년 수능을 마치고 수많은 학생들과 학부모로부터 감사의 인사를 받는다. 그게 매년 내 수업의 '정점'을 찍는 과정이라고 여긴다. 이 모든 과정에서 학생들과 함께 엄청난 성장을 경험했다. 가끔은 이 정도의 완성도 높은 수업을 해냈다는 것이 믿어지지 않는다.

몰입적 사고의 놀라운 힘을 경험하기 위해서는 나의 부족한 점을 인정하고, 이상적 자아상을 선명하게 설정해야 한다. 그리고 관련 분야에 대한 독서(최소 20권 이상)를 통해 이상적 자아상에 도달하는 방법을 구체적으로 정리하는 게 좋다. 이와 함께 이상적 자아상에 도달하는데 관련 없는 불필요한 잔가지를 제거해야 한다.

만약 전교 1등이 목표라면, 현재 내 성적을 인지하고 부족한 점을 인정해야 한다. 더불어 공부법에 관한 책을 최소 20권 이상 읽으면서 전교 1등이 되기 위해 나에게 맞는 공부법을 구체적으로 정리한다. 공부에 방해되는 유튜브, 웹툰, 인스타그램 앱 등을 삭제하고 공부에 몰입할 수 있는 환경을 만든다. 이렇게 잔가지를 제거하고 나면 본질만 남고, 단 하나의 본질에만 몰입할 수 있는 기회가 주어진다. 진짜 성장은 이때부터 진행된다. 몰입적 사고의 놀라운 힘이 성장으로 이끌어준다.

초지능으로 가는
알고리즘 설계

삶이 단순한 사람이 좋다. 연예인으로는 김종국을 좋아한다. 운동과 일 외에는 쓸데없는 곳에 마음을 두지 않기 때문이다. 공부를 잘하는 학생을 보면 삶이 단순하다. 학교와 집, 독서실을 왔다 갔다 한다. 부모님은 60년 가까운 인생을 집과 회사만 오가며 사셨다. 나 또한 운동과 독서 그리고 일하는 것 외에는 다른 것에 관심도 두지 않는다. TV도 거의 보지 않으며, 가끔 영화 보는 것 이외에는 딱히 취미라고 할 것도 없다. '태어나서 일하고 운동하며 독서하다 죽었다'라는 한 줄로 정의될 수 있을 정도다. 그렇지만 이 단순함 속에 행복이 숨어있다. 정신없이 바쁘게 사람들을 만나고, 매일 밤늦게까지 회식과 술자리로 삶의 루틴이 망가지는 것보다는 단순함 속에서 정해진 루틴을 지키며 가족과 시간을 보내는 것이 훨씬 더 행복하다. 진정한 몰입적 사고는 이러한 상태에서 발휘될 수 있다. 학생들도 나와 같은 몰입적 사고를 하도록 만들기 위해 다음의 3가지를 강조한다.

첫 번째, 불필요한 외부 정보를 차단하는 일이다. 몰입 상태로 들어가기 위해서는 스마트폰과 TV 시청 등 외부 정보가 뇌에 입력되는 것을 차단해야 한다. 공부하기 전에는 무조건 스마트폰을 꺼야 한다. 그리고 가방 속에 넣어놓는다. 다른 공간으로 분리해서 보관하면 더 효과적이다. 스마트폰은 몰입 상태를 깨뜨리는 데 치명적이다. 이와 관련해서는 《인스타 브레인》을 읽어볼 것을 추천한다. 스마트폰에 중독된 뇌가 얼마나 치명적인 손상을 가져오는지 수많은 연구 결과를 통해 확인해 볼 수 있다. 스마트폰만 꺼도 불필요한 정보가 거의 완벽하게 차단된다.

두 번째, 혼자만 고요하게 집중할 수 있는 공간을 정하는 일이다. 타인의 시선을 의식하지 않도록 칸막이가 있고, 책상이 넓은 독서실을 추천한다. 집에서 공부하게 되면 TV 소리, 가족이 대화하는 소리, 부엌에서 요리하고 설거지하는 모든 소리가 몰입적 사고를 방해한다. 내 마음이 평안한 고요의 상태를 느낄 수 있는 공간을 정하면 된다.

마지막 세 번째, 산책하는 것이다. 몰입은 궁극의 집중 상태이기 때문에 잘못하면 생각에 빠져 건강을 해칠 수도 있다. 따라서 오랫동안 몰입을 유지하기 위해서는 반드시 햇빛을 쐬면서 최소 20분 이상 산책하는 것이 좋다.

이 3가지를 지키면 누구나 몰입적 사고를 경험할 수 있다. 대나무는 이러한 몰입적 사고를 보여주는 대표적인 식물이다. 대나무가 올곧게 하늘 높이 자랄 수 있는 이유는 2가지다.

첫째, 잔가지를 만들지 않고 모든 에너지를 오직 한 줄기에 집중하는 것.

둘째, 중간중간 매듭을 만드는 것.

잔가지를 만들지 않고 오직 한 줄기에 에너지를 집중하는 것은 '몰입한다'는 것이다. 대나무는 잔가지를 만들지 않는다. 오직 하나의 줄기에 집중하여 곧고 길게 뻗을 수 있도록 한다. 잔가지를 만든다면, 그곳에 신경을 써야 하고 영양분도 나눠줘야 한다. 이러한 잔가지를 만들지 않음으로써 줄기에 더욱 집중하게 되고, 곧고 길게 뻗은 줄기를 만들어 낸다.

학생들에게 적용해서 말하자면, 공부에만 모든 에너지를 쏟아야 한다는 의미다. 스마트폰, 인스타그램, 유튜브, 네이버 웹툰, 각종 커뮤니티에 들락거리면서 시간을 낭비하지 말고 공부보다 재미있는 모든 것을 포기해야 한다. 그래야 오직 공부에만 전력을 다할 수 있다. 또한 매듭을 만든다는 것은 뒤를 돌아보고 스스로에 대해 성찰해 본다는 의미다.

공부하다 보면 집중력이 떨어질 때가 있다. 그럴 때는 독서실에 앉아서 멍하니 같은 페이지를 보고 있거나 스마트폰을 하는 게 아니라 차라리 영화를 보거나 여행을 가는 게 더 좋다. 늘어지게 잠을 자도 된다. 가장 좋은 것은 산책하는 것이다. 단, 스마트폰을 꺼놓은 채로. 그래야 진정한 휴식과 성찰의 시간을 가질 수 있다. 이러한 여행과 휴식, 산책이 대나무로 치면 매듭을 짓는 과정이다.

성공한 사람들은 매년 휴가 계획을 정하며 한 해를 시작한다. 이는 휴가 기간 동안 뇌를 휴식 모드로 전환하면서 치열하게 일했던 경험을 바탕으로 창의적인 아이디어를 만들어내기 때문이다.

두 달에 한 번씩 한 시즌 강의가 끝나고 나면 일주일간 휴가를 간다. 앞서 말했듯 수능이 끝나면 11월, 12월 두 달은 학원 전체를 휴원하고 외국으로 나간다. 이 책을 쓸 수 있는 것도 바로 이러한 휴식 덕분이다. 성공하기 위해서는 반드시 스스로를 재충전하고 자기에게 보상을 줄 시간을 따로 정해놓아야 한다. 쉬는 것은 일하는 것만큼이나 중요하다. 아니, 오히려 그것보다 훨씬 더 중요하다. 이렇게 이야기하고 나면 이러한 시스템이 쉽게 만들어진 것으로 오해하는 사람들이 있을 것 같아서 조금 더 자세한 이야기를 들려주고자 한다.

인생= 자유시간 + 노동시간

인생은 자유시간과 노동시간으로 나뉘어 있다. 자유시간은 말 그대로 아무런 제약 없이 자유롭게 쓸 수 있는 시간이다. 여자 친구와 데이트할 수도 있고, 컴퓨터 게임을 하거나, 잠을 자고, 맘껏 TV를 보며 노는 시간이다. 대부분의 사람들의 자유시간은 주말 혹은 평일 저녁 시간에 집중된다. 반면에 노동시간은 돈을 벌기 위해 쓰는 시간을 의미한다. 아침에 일어나서 샤워하고, 회사에 출근하기 위해 옷을 갈아입고, 아침을 먹고, 지하철을 탄다. 그리고 회사에서 10시간이 넘게 일을 한다. 이렇게 쓰는 시간이 노동 시간이다. 대부분의 사람은 7일 중에서 5일은 노동시간으로 사용하고, 나머지 2일은 자유시간으로 사용한다.

통계적으로 80퍼센트가 넘는 사람들이 자기 일이 자기와 맞지 않다고 이야기하는 것을 감안할 때, 대부분의 사람들이 2일의 자유를 얻기 위해 5일 동안 원하지 않는 노동을 하고 있다. 이는 굉장한 시간 낭비다. 오로지 돈을 벌기 위해서 자기 인생의 수많은 시간을 낭비하고 있는 것이다. 많은 사람들이 이렇게 자신의 자유를 팔아서 돈을 번다.

자신의 삶을 증명하기 위해서는 '5일의 노동시간과 2일의 자유시간'이라는 공식을 깨버려야 한다. 인생의 일정 기간은 자기 능력과 에너지를 최고도로 투입하는 시간이 필요하다. 집중적인 노력이 나를 성장시키고 발전시킨다. 그저 그런 노력으로는 그저 그런 삶을 살아가게 된다. 뜨겁게 불태운 시간이 있어야 물이 끓기 시작한다. 미지근한 물처럼 시간을 사용하면 100년이 가도 그저 미지근한 삶 그 자체다.

초지능을 발현한 이들은 대부분 인생의 특정한 기간 동안 전폭적인 노력을 기울여서 자신을 성장시켰다. 그리고 그 후에는 쌓아둔 노하우를 발전시켜 가면서 활용하고 적용하면서 살아가면 되는 것이다. 비행기는 처음 이륙할 때, 연료의 절반을 쓴다. 한 번 높은 상공에 올라가면 목표 지점까지 높이를 유지하고 앞으로 이동하는데 나머지 연료의 절반을 사용한다.

지난 10년간 쉬는 날 없이 일했다. 7일이 있으면 쉬는 날이 0인 7:0의 비율로 일을 하는 것이다. 하지만 이 비율은 시간이 지날수록 점차 역전된다. 이렇게 일만 한 지 10년 차가 되는 해에 처음으로 일주일 중 하루를 쉬는 삶을 살아갔다. 처음으로 6:1의 비율이 된 것이다. 지금은 5일을 일하고 2일을 쉰다. 5:2의 비율로 전환이 된 것이다. 그럼에도 버는 돈은 더 많아졌다. 6년 이내에 하루를 일하고 6일을 쉬는 1:6의 비율로 완전히 뒤집을 것이다.

'손쉬운' 자동화 시스템이라는 말은 허상이다. 인스타그램 혹은 유튜브에서 떠드는 이런 말에 현혹되거나 속아서는 안 된다. 사업 시스템은 오랜 시간 동안 내 모든 노력과 에너지를 쏟아부어서 치열하고 지독하게 노력할 때 만들어진다.

두뇌 초절정의 순간을 경험하는 법

　당신의 '단 하나'는 무엇인가? 내가 몰입을 위해 생각하는 가장 중요한 질문이다. 누구에게나 자신의 삶을 의미 있게 만드는 '단 하나'가 있다. 그것을 찾아내고, 그것을 이루기 위해 노력하는 것이 중요하다. 나에게 있어 '단 하나'는 '내가 가진 지식과 노하우를 다른 사람들과 공유하고, 영감을 불어넣는 일'이다. 이것이 바로 초지능 발현에 중요한 열쇠 중 하나다. 단 하나만 끈질기게 해나가면 나머지는 모두 의미가 없어진다. 이는 성공에 관한 가장 완벽한 진실이다. 단 하나에 집중하는 것만이 내가 원하는 것을 얻을 수 있는 최고의 방법이다.

　영어 전문가로 성공하기 위해 내가 흥미 있는 단 하나의 분야에만 집중했다. 다른 모든 것보다 영어에 가장 관심이 있었다. 영어 교육 전공자나 석박사가 아니었기 때문에 다른 분야는 생각하지 않고 오직 내가 가장 흥미 있는 한 가지 분야인 영어에만 집중했다. 그래야 내가 가진 지식과 경험이 다른 사람들을 도와줄 수 있는 수준에 이를 것이라고 믿었다. 그 믿음을 현실로 만들기 위해 영어를 가르치는 교수법에 있어서는 다른 사람들보다 뛰어나기 위해 치열하게 노력했다. 그렇게 내가 가진 가능성과 잠재력을 발견할 수 있었다.

그렇다면 내가 강점을 가진 분야는 어떻게How 찾을 수 있는가. 자신이 원하는 분야를 선택하는 방법은 간단하다. 모든 정답은 당신 안에 놓여있다. 믿기지 않는다면 다음 질문의 빈칸을 채워 보기 바란다.

영어를 잘하는 비밀은 _____이다.

많은 사람들이 '실제 외국인과 대화해 보는 것', '미드나 팝송을 통해 영어를 배우는 것', '매일 꾸준히 영어일기를 쓰는 것'과 같이 매우 쉽고 빠르게 빈칸 부분을 완성할 수 있을 것이다. 이들은

'영어'라는 주제 속에서 의미 있는 지식으로 전달될 수 있다. 영어에 대한 다양한 책을 읽고 사례만 덧붙인다면 더욱더 훌륭한 지식으로 탄생할 것이다. 자신의 분야에서 성공한 사람들은 이미 전문 분야가 있는 경우를 제외하고는, 먼저 자신이 전문가로서 성장할 분야를 선정하고, 그에 대한 지식을 완성해 나갔다. 그러니 지금 당장 자신이 강점을 가진 분야가 없다고 해도 걱정할 필요가 없다.

아래는 베스트셀러 《골든 티켓》의 저자이자 세계에서 가장 영향력 있는 저자로 활동 중인 브렌드 버처드Brendon Burchard가 제시한 내용이다. 그는 지식을 전달하는 산업에서 가장 유망한 10가지 분야를 선정하고, 이에 대해 생각해 볼 수 있는 질문을 다음과 같이 제시하였다. 이를 통해 당신은 어떤 분야의 전문 지식을 쌓는 것이 유리할지 스스로 판단할 수 있을 것이다. 이는 다음과 같다.

- 동기부여

📍 나의 꿈을 이루고 동기부여할 수 있는 5가지 비밀은 _____ 이다.

– 리더십

예 다른 사람을 이끌고 팀을 운영할 수 있는 5가지 비밀은＿＿＿＿ 이다.

– 재무관리

예 효과적으로 돈을 관리할 수 있는 5가지 비밀은＿＿＿＿ 이다.

– 사업

예 성공적인 사업을 위한 5가지 비밀은 ＿＿＿＿ 이다.

– 마케팅

예 제품이나 브랜드를 성공적으로 마케팅하는 5가지 비밀은＿＿＿＿이다.

– 인간관계

예 신뢰를 쌓고 인맥을 넓히는 5가지 비밀은 ＿＿＿＿ 이다.

– 신앙

예 신과 영적으로 통할 수 있는 5가지 비밀은 ＿＿＿＿ 이다.

– 심리

예 스트레스를 효과적으로 조절하는 5가지 비밀은＿＿＿＿ 이다.

– 예술

예 피아노를 잘 칠 수 있는 5가지 비밀은 ＿＿＿＿이다.

– 기술

예 코딩을 빠르게 배울 수 있는 5가지 비밀은 ＿＿＿＿이다.

물론 이 외에도 정말 많은 분야가 있지만, 자신의 분야에서 성공하고, 이를 책과 강연의 형태로 전달하는 이들은 위에 제시한 10개의 분야를 통해 의미 있는 삶을 살아가며 돈을 번다. 이러한 분야는 서로 합쳐지거나 세분화할 수도, 새로운 분야를 창조해 낼 수도 있다. 어떤 분야가 나에게 가장 잘 맞을 것인지 파악하기 위해서는 위에 제시된 질문에 대한 답을 생각해 보아야 한다. 바로 답이 떠오르지 않더라도, 나의 흥미를 자극하는 질문들이 있을 것이다. 그것에 대해 오랜 시간 생각하고, 나만의 분야를 정하는 것이 성장을 위해 나아가는 첫걸음이다.

내가 성장할 단 하나의 전문 분야를 선택하는 것 외에도 매일 아침 입는 옷부터 아침 식사까지 오직 단 하나에만 집중하기 위해서 제한된 선택지를 만들어놓았다. 매일 입을 옷과 아침 식사 메뉴를 체계화시켜 놓으면, 불필요한 일에 에너지 소모를 최소화하고 가장 중요한 단 한 가지 일에 최대한의 에너지와 집중력을 쏟을 수 있다. 페이스북 창업자인 마크 저커버그Mark Elliot Zuckerberg는 똑같은 티셔츠를 열 벌씩 구비해두고 입는다. 애플의 창업자인 스티브 잡스Steve Paul Jobs도 늘 검정 터틀넥을 입었다. 불필요한 의사결정에 소모되는 에너지를 최소화하고 의상 선택을 자동화하기 위해서다.

옷을 고르는 것은 사소하지만 엄청난 에너지가 소모된다. 맨날 옷장 앞에서 '도대체 입을 옷이 없네' '이번에는 기필코 쇼핑하러 가야겠다' '나 오늘 도대체 뭘 입어야 하지'라고 고민해 봤다면, 아침마다 옷 고르는 게 얼마나 정신적으로 힘든 일인지 이해할 것이다.

나의 퍼스널 컬러는 쿨톤으로 여기에 맞춰서 모든 의상을 검정색과 파란색, 그리고 하얀색으로 구분해서 드레스룸을 체계화시켜 놓았다. 각 색상 내에서 어떤 의상을 조합해서 입을지 미리 선택해 놓고, 매일 다르게 입을 7개의 옷 세트를 맞춰놓는다. 옷에 맞는 신발도 세트로 함께 정리해 놓고 매일 옷 입는 것에 대한 스트레스를 최소화해 놓았다. 한마디로 요일마다 무슨 옷을 입고, 어떤 신발을 신으며, 무슨 시계를 차야 할지 모두 시스템화되어 있다.

아침 식사 메뉴도 가장 좋아하는 7가지 메뉴를 정해서 루틴화하였다. 아예 요일별 식단을 만들어서 코팅까지 해놓았다. 나와 가족이 모두 좋아하고, 탄수화물과 단백질, 지방이 적절하게 조합되어 있으며, 아침에 요리하기에도 부담 없는 식단을 선정해서 자동화를 시켜놓는 것이다. 이렇게 메뉴가 정해지면 매일 어떤 요리를 하고, 어떤 식재료를 사야 할지 고민할 필요 없이 자동으로 처리하게 된다. 정해진 메뉴 중 한 가지가 지겨워지면 그때 새로운 메뉴로 교체하거나 외식하고 싶은 날에는 유연하게 외식으로 대체할 수도 있다.

내가 가장 좋아하는 메뉴는 계란과 김치, 그리고 삼겹살과 얼큰한 김치찌개다. 요리는 내가 직접 하는 경우가 많다. 이제는 익숙해져서 계란프라이를 하고, 김치찌개를 끓이는 데 걸리는 시간은 15분도 채 걸리지 않는다. 이처럼 최소한의 노력과 최소한의 선택지로 가장 건강한 식단을 만든다면 당신도 나처럼 여유를 누릴 수 있게 된다.

두 마리 토끼를 다 잡으려고 한다면, 결국 두 마리 토끼를 다 놓치게 될 것이다. 그러므로 단 하나에 집중하기 위해서는 다른 무언가는 포기해야만 한다. 모든 사람에게 주어진 시간은 24시간으로 공평한데 왜 어떤 사람들은 다른 사람보다 더 많은 일을 해내는가? 그들은 어떻게 더 많은 일을 하고, 더 많이 벌며, 더 많은 것을 소유하는가? 그 비밀은 바로 단 하나의 것에 모든 걸 집중했기에, 즉 가장 중요한 한 가지 일만 파고들었기 때문이다. 여기서 '파고든다'는 것은 자신이 할 수 있는 다른 모든 일을 무시하고 반드시 해야 하는 일에만 집중하는 것을 의미한다.

주말이면 새벽 3시까지 아무 의미 없는 시간을 보내다가 일요일 오후 1시쯤 일어나서 하루를 시작하지는 않는가. 나무늘보처럼 느지막이 일어나서 천천히 씻고 준비한 뒤에 다시 홍대로 나가서 친구들과 영화 보고, 치킨에 맥주 한잔하다 보면 어느덧 하루가 가고, 월요일 아침이 다가온다. 어떤 사람은 하루를 48시간처럼 사용하고, 어떤 사람은 하루를 5시간처럼 사용한다.

하루가 5시간처럼 쓰는 사람들은 똑같이 하루를 5시간처럼 쓰는 사람들과 어울리게 되어있다. 친구가 전화로 "나 백화점으로 옷 사러 가는 데 같이 갈래?"라는 말에 함께 따라나선다면, 당신은 하루를 5시간처럼 쓰는 사람일 가능성이 높다.

시간은 유한하다. 한 번 지나간 강물에 두 번 발을 담글 수 없는 것처럼, 한 번 흘러간 시간은 다시 되돌려 붙잡을 수 없다. 내가 가진 시간을 어떻게 가치 있게 쓰느냐에 따라 인생의 방향이 달라진다. 성공과 실패를 결정짓는 가장 중요한 열쇠는 '시간'에 달려 있다.

부자든 가난한 사람이든 하루에 24시간은 누구에게나 동등하게 주어진다. 당신은 이 글을 읽고 있는 순간에도 시간을 쓰고 있다. 시간을 더 많이 소유하고 있거나 덜 소유한 사람은 없다. 오직 주어진 하루를 5시간처럼 쓰는 사람이 있거나 48시간처럼 쓰는 사람이 있을 뿐이다. 그렇다면 평범한 삶에서 시작해서 누구는 왜 성공적인 부를 거머쥐고, 누구는 평범한 인생을 살아가게 되는 것일까? 그 정답은 시간의 활용에 놓여 있다. 매일 사용하는 시간의 가치에 따라서 인생의 가치가 달라진다.

매일 소파에 누워서 두 시간씩 TV를 보고, SNS에 잡다한 이야기를 올리면서 자투리 시간을 낭비하고, 5,000원을 절약하기 위해 40분을 줄 서서 기다리며, 밤늦은 시간까지 게임을 하며 시간을 낭비하고 있진 않은가. 가난한 삶 뒤에는 '잃어버린 시간'이 있다. 당신이 밤늦게까지 게임을 즐겨 한다면, 게임을 즐겨 하는 사람들과 시간을 함께할 것이며, 이는 당신이 잃어버리는 시간을 가속한다. 시간을 잃어버리는 사람들이 합쳐질수록 시간의 가치는 더욱 떨어진다.

반면에 하루를 48시간처럼 쓰는 사람들은 매 순간을 가치 있게 살아간다. 이들은 시간이 얼마나 소중한지 알고 있다. 지금 당장 소파 위에 누워서 감자 칩을 먹으며 TV를 보고 낄낄거리며 웃으며 쉴 수도 있다. 하지만 지금 당장 한 권의 책을 쓰기 위해 펜을 든다. 책이 가진 영향력을 알기 때문이다. 책 쓰기를 통해서 시간을 벌고 나를 알린다. 또한 영향력이 있는 사람들과 함께 유튜브를 촬영하면 몇 개월의 시간을 단축해서 내 영향력을 넓힐 수도 있고, 일 년에 걸쳐 늘렸던 팔로워를 단 한 번의 방송으로 한꺼번에 늘릴 수도 있다.

'하루 경영'이라는 말이 있다. 하루를 내가 어떻게 보내느냐에 따라 1년이 결정된다. 그 1년이 굳어져서 10년 후 자기의 모습이 완성된다. 10년 후 자기를 바꾸는 열쇠는 오늘 하루, 지금 이 순간부터 시작되는 것이다. 미래의 성공을 보장받고 싶다면 오늘 하루를 바꿔야 한다. 시간이 아깝다는 생각을 해야 한다. 그런 생각이 들게 되면, 어떻게 주어진 시간을 가치 있게 쓸지 고민하게 되고, 이는 곧 성공적인 습관을 만드는 행동으로 이어진다.

자신의 하루 가치는 얼마인가. 하루를 5시간처럼 쓰는 습관을 들이게 되면, 삶이 느려지게 된다. 하루에 할 수 있는 일이 한정된다. 심지어 하루에 한 개의 약속만 있어도 하루가 지나간다. 은행 한 번 다녀오면 하루가 끝나는 것이다. 이렇게 시간을 보내게 되면, 시간이 헐값이 된다.

우리는 태어난 순간부터 침몰하는 배에 타고 있는 것과 같다. 만약 당신의 수명이 일주일밖에 남지 않았다면, 소파 위에서 TV와 드라마를 보며 시간을 낭비하지 않게 된다. 아직 이루지 못한 무엇인가를 시도해 보기 위해 밖으로 나갈 것이다. 용기를 내고 두려움에 맞서는 도전하지 않겠는가.

시간을 48시간처럼 쓰는 사람들에게 시간은 삶의 가장 소중한 자산이다. 의사 결정에서도 시간을 가장 핵심적인 사항으로 고려한다. 뇌를 최적화하고 초지능을 발휘하기 위해서라면 언제나 시간을 소중히 여기는 사람들과 함께해야 한다. 그러기 위해서는 자신의 시간을 먼저 소중히 여길 수 있는 자세가 필요하다. 내 삶에는 나와 비슷한 사람들을 끌어당겨 오기 때문이다. '내 시간이 아깝다'고 생각되는 순간, 당신은 성공의 길에 들어서게 된 것이다. 반드시 기억해야 할 사실은 시간이 중요한 자산이라는 점이다. 성공한 사람들은 돈이 아닌 시간을 아낀다.

나는 마케팅, 디자인, 수업, 상담, 학생 관리 등 학원 운영에 필요한 모든 것을 할 수 있지만, 다른 모든 것은 직원들에게 위임하고 오직 수업에만 집중한다. 수업 한 번 한 번을 명강의로 만들기 위해서 노력하고, 국내 최고 수준의 수업을 제공하기 위해서 오직 수업만 파고든다. 결국 탁월한 성과는 초점을 얼마나 좁힐 수 있는가와 밀접하게 연결되어 있다.

사람들은 더 많은 일을 할 때 생산성이 높다고 믿는다. 온종일 잡무에 시달리고, 이곳저곳에 전화하며, 여러 지역에 출장을 다니면서 자신은 그 누구보다 열심히 사는데 왜 발전이 없는지 궁금해한다. 내가 답을 알려주겠다. 당신은 지금보다 해야 하는 일을 줄여야 한다. 놀랍게도 더 높은 성과를 얻기 위해서는 '더하기'가 아니라 '빼기'가 필요하다. 그렇지 않으면 스트레스 지수가 높아지고, 업무 시간이 길어지며, 수면 시간이 줄고, 영양 상태가 나빠질 것이다. 운동도, 독서도 못하고, 가족과의 시간도 보내지 못하며 초지능으로 성장하지 못하게 된다.

그래서 일을 적게 하고, 한 가지 것에만 파고들어야 한다. 이는 놀라운 성과를 내기 위한 가장 간단한 방법이다. 궁극적으로 내가 이루고자 하는 단 하나의 목표에만 집중하게 만든다. 핵심을 파고들면 오직 단 하나의 본질만이 남게 된다. 그것에 집중하는 게 정말로 중요하다. 잠깐 머리를 식힐 겸 아래 질문들에 대해 생각해 보자.

- 내 능력을 향상하기 위해 할 수 있는 단 한 가지는 무엇 인가?

- 멋진 몸을 만들기 위해 내가 할 수 있는 단 한 가지는 무 엇인가?

- 원하는 목표를 달성하기 위해 내가 할 수 있는 단 한 가 지는 무엇인가?

- 원하는 아파트를 사기 위해서 내가 할 수 있는 단 한 가 지는 무엇인가?

- 내가 꿈꿔왔던 자동차를 타기 위해서 할 수 있는 단 한 가지는 무엇인가?

- 내 고객의 숫자를 2배로 늘리기 위해 내가 할 수 있는 단 한 가지는 무엇인가?

이 질문을 머릿속에 넣고 잠시 산책을 다녀오거나 점심을 먹어 도 좋다. 이 질문에 대해서 사람들과 함께 대화하는 것도 추천한 다. '지금' 혹은 '올해'와 같이 시기를 정해서 긴장감을 높이는 것도 좋다. 이 질문에 대한 대답을 찾기 위해 정말 많은 '벤치마킹'을 했 다. 책을 통해서도, 대화를 통해서도 계속해서 정보를 수집하면서 벤치마킹한다. 뇌가 최적화되면서 이는 자동으로 머릿속에서 진행된다. 그러면 정말 놀랍게 하나의 답으로 초점이 모아진다. 그래서 당신이 이 질문에 대해서 반드시 생각해 보기를 바란다.

이제 여기 KTX 만큼 긴 도미노가 있다고 상상해 보자. 이 도미노를 처음부터 끝까지 쓰러뜨리기 위해서는 처음에 있는 단 하나의 도미노에만 힘을 줘서 쓰러뜨리면 된다. 그러면 나머지는 자연스럽게 쓰러지게 된다. 이게 단 하나의 일에만 몰입하고 집중하는 것의 놀라운 결과물이다. 한 개의 도미노는 자신보다 1.5배가 큰 것도 쓰러뜨릴 수 있는 힘이 있다. 놀라운 성과를 얻기 위해서는 단 하나에 집중해서 도미노 효과를 만들어내야 한다. 이것이 핵심이다.

결국 일의 우선순위를 정해서 단 한 가지 것의 집중하면 그 첫 번째 도미노 조각이 두 번째 도미노 조각을 무너뜨리게 된다. 하나의 올바른 판단이 두 번째 올바른 판단에 영향을 미치게 되고, 이러한 올바른 판단이 쌓이게 되면 결국 성장의 잠재력이 폭발적으로 터져 나오게 된다. 당신이 앞서 제시한 질문들에 대해서 고민해보았다면 이제 조금 더 생각을 구체화할 수 있게 해보자.

- **최종 목표**: 언젠가 내가 하고 싶은 단 하나는 무엇인가?
- **5년 목표**: 최종 목표를 위해 향후 5년 이내에 내가 할 수 있는 단 하나는 무엇인가?
- **1년 목표**: 5년 목표를 위해 향후 1년 이내에 내가 할 수 있는 단 하나는 무엇인가?
- **한 달 목표**: 1년 목표를 위해 향후 한 달 내에 내가 할 수 있는 단 하나는 무엇인가?
- **한 주 목표**: 한 달의 목표를 위해 이번 주에 내가 할 수 있는 단 하나는 무엇인가?
- **하루의 목표**: 이번 주의 목표를 위해 내가 오늘 할 수 있는 단 하나는 무엇인가?
- **지금의 목표**: 오늘 하루의 목표를 위해 내가 '지금' 당장 할 수 있는 단 하나는 무엇인가?

마치 밀도 높게 도미노를 세워나가듯 오늘 당신이 해야 하는 단 한 가지 것을 반드시 내일과 연결한다. 그리고 이를 머릿속으로만 생각하지 말고 종이에 적고 선언한다. 되도록 세세하게 목표에 이르는 모든 과정을 적고 생생하게 상상해서 시각화시켜야 한다. 그리고 이를 당신이 매일 보는 벽에 붙여놓아라.

2008년, 캘리포니아 도미니칸 대학교의 게일 매튜스Gail Matthews 박사는 다양한 직업과 국적을 가진 267명의 사람들을 대상으로 실험을 실시했다. 그중 절반은 자신의 목표와 그것에 이르는 과정을 적었고, 나머지 절반은 머릿속으로만 생각하고 넘어갔다.

시간이 지난 뒤 자신의 목표와 그것에 이르는 과정을 적은 사람들이 그렇지 않은 사람들보다 약 39.5퍼센트나 더 달성률이 높았다. 더 놀라운 사실은 그 목표를 친구들과 공유한 사람들은 달성 가능성이 76.7퍼센트나 더 높았다. 목표를 적고 공유하는 간단한 행동만으로도 실현 가능성이 2배 이상 올라가게 된다. 이를 '책임 의식'이라고 정의한다. 그러니 지금 당장 펜을 들고 종이에 적어라. 그리고 이를 친구들에게 말하거나 인스타그램이나 트위터에 정리해서 올리고 선언하라.

나는 최종적으로 '미래 세대를 키우고 성장시키는 사람'이 되고 싶다. 이는 내가 이루고 싶은 '단 하나'이다. 이를 모든 소셜미디어에 올려놓고, 이 책에도 적어놓았으며, 집에 시각화해서 매일 보는 벽에 붙여놓았다. 가끔은 이렇게 재미있는 일을 하면서 '이렇게 많은 돈을 벌어도 되나', '남부러울 것이 없다는 말을 이럴 때 사용하는 것이구나'라는 생각이 든다.

처음부터 나만의 '단 하나'를 바로 찾는 것은 불가능하다. 수많은 선택지를 지워가는 과정에서 결정되는 것이다. 나도 중학교 때는 외교관을 꿈꿨고, 고등학교 때는 로스쿨 진학을 목표로 했으며, 대학교 1학년 때는 금융감독원에 들어가고 싶었다. 하지만 호기심이 드는 분야에서 아르바이트와 인턴, 관련 행사 등에 참여하고 독서를 통해 간접적으로 경험하면서 나와 맞지 않는 분야를 제거했고, 결국 잘하고 좋아하는 단 하나의 분야인 '영어'를 찾아냈다.

단 하나의 분야를 정한 뒤에는 다른 길을 기웃거리거나 쳐다보지 않았다. 오직 내가 선택한 '단 하나'의 분야에만 집중해서 어떻게 하면 영어 전문가로 성공할 수 있는지에 대해 오랫동안 연구했다. 그 결과 남들보다 훨씬 더 빠른 성장을 할 수 있었다.

처음부터 이 책에서 제시하는 방법을 알고 있었다면, 수많은 시행착오를 겪지 않았을 것이다. 하지만 그러한 시행착오를 바탕으로 지금과 같은 성장의 5단계를 만들어낼 수 있었다. 어떤 분야를 선택하든지, 자신만의 선택을 믿고 그 분야에서 최고가 되는 것이 중요하다. 작은 성취가 쌓이면서 자신이 가진 무한한 가능성과 잠재력을 깨닫게 될 것이다. 그 순간은 반드시 온다. 당신은 그만큼 특별한 존재다.

초지능에 도달하는 법

우리가 하는 모든 일은 파레토의 법칙을 따르고 있다. 파레토는 19세기에 이탈리아의 소득 분배에 대한 수학적 모델을 만들었는데, 20퍼센트의 사람들이 전체 토지의 80퍼센트를 소유하고 있다는 사실을 발견했다. 이는 후에 80/20 법칙으로 확립되었으며, 20퍼센트의 일이 80퍼센트의 결과에 영향을 미치는 것으로 입증되어 왔다. 즉, 가장 중요한 일에 집중하는 것이 바람직하다는 말이다. 선택적인 노력이 거의 모든 성과를 창조한다. 내가 이루고 싶은 결과는 결국 가장 중요한 한 가지 일에 집중하는 것을 통해서 실현될 수 있는 것이다. 이쯤 되면 이렇게 말하는 사람도 있을 것이다.

'제가 회사에 있으면 업무시간 내내 새로운 이메일이 도착
했다고 알림이 오고, 휴대전화는 미친 듯이 울려댑니다.
소셜미디어에서는 좋아요, 댓글이 달렸다는 알람이 뜨고,
카톡과 문자 메시지는 계속 쌓여갑니다. 이제 막 하나의
일에 집중하려고 하면 커피 한잔하러 가자는 동료의 방해
를 받게 되고, 새로운 업무를 던져 주는 상사들 때문에 기
운이 쭉 빠집니다.'

사회적 환경에 관한 연구에 따르면 직장인들은 평균 11분마다
한 번씩 타인의 방해를 받고, 하루 일과 중 3분의 1은 잃어버린 집
중력을 되찾는데 사용한다. 그러다 보니 엉성하게 대충 형태와 모
양만 갖추어서 일을 끝내고 마무리 짓는데 익숙해지게 된다. 운전
을 하면서 휴대폰을 사용하게 되면 사고가 날 확률이 높아지는 것
과 같은 원리다.

매일 아침 내가 해야 할 업무 목록을 정리하고, 우선순위를 정
해야 한다. 그리고 한 번에 단 하나의 업무만을 집중해서 처리한
다. 그래야 생산성이 높아진다. 의도적으로 나머지 업무는 무시하
고, 지금 당장 해야 할 업무에만 집중한다.

여기에 반드시 적용되어야 하는 것이 바로 '거절의 기술'이다. 거절하는 사람이 된다는 것은 최고의 자유를 얻을 수 있는 길이다. 당신의 시간은 한정되어 있고, 시간 내에 할 수 있는 일은 정해져 있다. 따라서 그것을 벗어나는 업무는 거절할 수 있어야 한다. 당당하게 '아니오'라고 외칠 때 비로소 탁월한 성과가 나오기 시작한다.

거절할 때 느껴지는 잠깐의 고통을 참지 못해서 승낙하는 건 당신의 인생을 망치는 지름길이다. 딱 3번만 거절하는 것을 연습하고 나면 거절이 그리 어렵지 않음을 깨닫게 될 것이다. 처음에는 이를 적용하는 데 약간의 문제가 발생할 수 있지만, 결국 당신의 생산성이 당신의 탁월함을 입증해 주게 될 것이다.

우리에게는 모두 하루 24시간이 공평하게 주어진다. 이 시간을 진정으로 중요한 단 한 가지 일을 완수하는 데 사용할 수도 있고, 쓸데없이 잡다한 일들을 처리하는 데 쓸 수도 있다. 똑같은 시간도 활용하는 사람에 따라 가치가 달라진다. 이 시간을 가장 중요한 단 한 가지 것에 집중해서 사용하기 위해서는 반드시 '아니오'라는 말을 더 자주 해야 한다. 그것이 바로 거절의 기술이다. 최소한의 시간과 에너지를 투자해서 당신이 가장 중요하게 생각하는 일들을 이뤄내고 삶의 질을 높여야 한다. 그렇게 하려면 반드시 거절이 필수적이다.

나도 예전에는 아침에 눈을 뜨자마자 휴대폰을 켜고 카톡 알림과 인스타그램 댓글부터 확인했다. 기상 알람이 울리자마자 내 뇌는 '출근해야 한다'는 생각과 함께 '오늘 해야 할 일과 답장을 보내야 할 사람들의 목록'으로 가득 찼다. 눈을 뜬 다음에는 매 순간 사소하고 쓸데없는 일을 처리하느라 엄청나게 많은 두뇌의 에너지를 소비했다. 그래서 정말 중요한 업무를 해야 할 때가 되면 이미 탈진한 상태가 되고 말았다. 그런 상태에서는 일을 대충대충 처리하게 되고, 업무 성과도 나오지 않았다.

그러나 단 하나의 것에 몰입하고 집중하기 위한 거절의 기술을 배우고 난 뒤 휴대폰을 침실 밖에 두고 잠자리에 든다. 아침에 일어나서 이불을 개고, 바이올린 연주의 찬양을 튼 뒤에 10분간 조용히 명상하는 시간을 갖는다. 그리고 나서 오늘 내가 해야 할 일 목록을 직접 '손으로' 종이에 쓴다. 가장 중요한 것부터 중요하지 않은 순서대로 우선순위에 따라 목록을 작성한다. 이 과정에서 정말 재미있는 사실을 발견했다. 오늘 해야 하는 대부분의 일이 사실 그다지 중요하지 않다는 것이다. 그 이후 해야 하는 중요한 일에서 벗어나는 일이라면 즉시 '아니오'라고 거절할 수 있게 되었다. 그러자 업무 효율과 생산성은 더욱 높아졌으며, 삶의 질 또한 급격하게 향상되었다.

이렇게 행동하는 사람들은 가장 많은 것을 성취하게 될 뿐만 아니라 가장 많은 기회를 얻게 된다. 처음에는 조금 느리게 보이지만, 확실히 자기만의 단 하나를 통해 조직 내에서 명성을 얻고 '무엇으로도 대체할 수 없는 존재'가 된다. 결국 당신이 없는 조직을 상상하지 못하게 되는 것이다.

단 이는 시간이 걸린다. 성공은 오랜 시간이 필요하다. 단, 한 번에 하나씩이다. 단 하나를 이루고자 하는 열정은 곧 어마어마한 양의 연습이나 노력으로 이어진다. 그렇게 쓰인 시간은 지식과 노하우로 축적되고, 더 나은 결과를 만들어 낸다. 이는 즐거움을 불러오고, 일을 즐기며 할 수 있는 단계에 접어들게 된다. 이 단계에서는 내가 즐기면서 하는 일이 곧 성과가 된다. 반드시 기억하라. 전문성은 내가 투자한 시간에 비례한다. 각 분야에서 가장 돈을 많이 벌고 유명한 전문가들은 최소 1만 시간 이상의 시간을 참고 견디며 인내한 이들이다. 그러므로 그 정도 돈을 벌 자격이 있으며, 그 시간을 견뎠기에 다른 사람들이 꿈에만 그리는 결과를 손에 넣었다.

수면 효율을 극대화하는
초지능의 사고방식

단 한 가지 것에만 몰입하는 데 도움을 주는 것은 특히 잠이다. 나는 잠이 많다. 농담이 아니라 충분히 잠을 자지 않으면 최고도의 집중력을 발휘할 수 없고, 하루가 멍한 상태로 지나간다. 어떤 때는 정말 게으르다 싶을 정도다. 그래서 잠을 줄이려고 여러 번 시도해 봤지만 언제나 실패했다.

모든 동물은 잠을 잔다. 그렇다면 잠의 역할은 무엇인가? 현재 뇌 과학이 밝혀낸 바에 따르면 잠은 낮에 경험한 것을 뇌가 체계화하고, 조직화해서 장기기억으로 저장하는 과정이라고 한다. 낮에는 새로운 경험을 하면서 뇌에 수많은 정보가 입력된다. 원시시대에는 시각이나 후각을 통해 포식자가 가까이 있다는 것을 인식하면 즉시 도망을 가야 했다. 깨어있는 상태에서는 이러한 수많은 정보가 뇌에 입력되는 것이다. 이 상태에서는 경험한 것들을 장기기억에 저장하기가 쉽지 않다.

반면에 잠을 자는 동안에는 아무것도 보이지도 않고, 들리지도 않는다. 우리 몸을 거의 움직일 수도 없다. 외부 자극에 대한 반응성이 급격하게 낮아진다. 그래서 잠을 자는 동안에는 깨어있는 동안 경험한 것들을 정리하고 장기기억으로 전환하기에 적합하다. 이때 해마가 중요한 역할을 담당하게 되며 해마는 수많은 정보를 재정리하고 통합한다. 이것이 바로 고차원적인 사고다. 잠을 자면서 목표를 달성하기 위한 문제들을 해결하는 데 필요한 정보들을 새로운 형태로 조합하고, 재결합시키면서 새로운 아이디어와 영감이 떠오른다. 이것이 바로 잠을 충분히 자야 하는 이유다. 고도로 활성화된 장기기억들이 새롭게 연결되면서 놀라운 문제 해결 능력과 수많은 아이디어를 만들어낸다.

그렇다면 잠을 충분히 자면서도 어떻게 생산성을 높일 수 있을까? 그건 바로 '내가 해야 하는 일을 줄이고 반드시 해야 하는 단 하나의 일에만 집중하는 것'이다. 물론 잠을 충분히 자고 최대한의 집중력을 발휘할 수 있는 상태에서 말이다.

이후 잠에 관한 여러 가지 연구 논문들을 살펴보면서 깨달았다. 절대 잠을 줄여서는 안된다는 사실을 말이다. "저는 하루에 4시간만 자도 괜찮던데요?"라는 사람이 있다면 정말 부러울 따름이다. 이는 타고난 0.1퍼센트의 사람이다. 대부분의 사람은 최소 7시간 이상 잠을 자야 한다. 하루에 8시간은 잘 것을 추천한다. 대신 잠드는 시간은 일정한 것이 좋다. 늘 10시 반에 취침한다면 그 시간을 지키기 바란다. 그래야 뇌가 최적화된 상태에서 최고의 몰입 상태에 들어갈 수 있기 때문이다.

인간은 잠을 자면서 중요한 일들을 장기기억으로 전환한다. 암기 과목이라면 잠을 자면서 공부한 내용이 체계적으로 머릿속에서 정리된다. 그래서 잠을 줄여가면서 공부하는 것은 미친 짓이다. 중간고사나 기말고사 기간에 벼락치기를 하기 위해 밤을 새워본 사람들은 알 것이다. 하룻밤을 새우고 나면 다음 날 정신이 몽롱한 상태여서 공부에 집중이 안 된다는 사실을 말이다. 그래서 충분히 잠을 자고 매일 일정한 양을 공부하는 게 훨씬 효과적이다.

따라서 잠을 자는 것은 시간을 낭비하는 게 아니라 극강의 효율성을 발휘하고 몰입하기 위해 반드시 해야 하는 필수적인 과정이다. 모든 동물이 외부 자극에 대한 신체의 반응성 감소라는 엄청 난 대가를 치르면서도 잠을 자는 이유가 있다.

궁극적으로 이렇게 단 하나의 것에 몰입하는 것을 통해 내가 꿈 꾸는 것은 단순한 삶, 다시 말해 욕심이 없고 마음이 깨끗한 상태 이다. 단순하게, 욕심을 버리고 마음을 비우고 살아가는 삶. 이 삶 속에 몰입의 모든 본질이 담겨 있다.

"한 개의 촛불로 많은 촛불에 불을 붙여도
처음 촛불의 빛은 약해지지 않는다."
-탈무드

Chapter 5

초지능 5단계

성장

초지능과 실행자 레벨

"당신의 인생은 당신이 선택한 결과이다."
- 로버트 베넷

새해 계획을 세운 사람 중에서 1년 뒤에 목표를 이루는 사람
은 10퍼센트도 채 되지 않는다. UCLA 의과대학에서 22년간 수행
한 연구에 따르면, 8퍼센트 정도의 특별한 사람들만이 새해 목표
를 이룬다고 한다.

목표를 이루기 위해서는 '누구나 할 수 있는 아주 작은 목표'를
세우는 것이 좋다. 운동을 하고자 한다면 '하루 1개 팔굽혀펴기'를
목표로 하고, 영어 공부를 하고자 한다면 '하루 1개 단어 외우기'를
목표로 하는 것이다. 하나의 목표를 세우고 성취하면, 더 큰 목표
를 이룰 수 있는 힘이 생긴다. 지속해서 목표를 이루다 보면 자신
에 대한 믿음이 생긴다. 이러한 믿음은 성공과 혁신의 강력한 동

력이 된다.

UCLA 의과대학에서 수행한 연구에 따르면, 목표를 달성하는 유일한 길은 작은 일의 반복이다. 우리의 결심이 성공할 확률은 8퍼센트에 불과하다. 결심한 사람들의 4분의 1은 1주일 안에 포기하고, 30일이 지나면 절반이 포기한다. 왜 결심은 이토록 짧게 지속되고 마는가? UCLA 의대 교수인 로버트 마우어Robert Maurer 박사는 '계획의 설계가 잘못됐기 때문'이라고 말한다. 우리의 뇌는 갑작스러운 변화를 생존에 대한 위협으로 받아들이기에 모든 변화는 아주 작고 가벼우면서도 부담이 없어야 한다.

이처럼 성장하고자 하는 모든 사람은 '작고, 가벼운, 누구나 할 수 있는 목표'를 세우고 이를 반복적으로 성취해야 한다. 결과는 과정으로부터 나온다. 반드시 지속적이고 반복적인 목표 성취의 과정이 있어야 성공이라는 결과를 얻을 수 있다. 이는 세상을 움직이는 가장 단순한 원리다. 이 원리를 깨달으면 어떠한 목표도 성취할 수 있다. 돈을 벌고자 한다면, 오늘 하루 100원을 모아야 한다. 전문 지식을 쌓고자 한다면, 오늘 하루 책 한 장을 읽어야 한다.

따라서 큰일을 해내는 유일한 방법은 '아주 작은 일의 반복'이다. 목표와 결심을 이루기 위해서 우리는 방어 반응이 작동하지 않도록 해야 한다. 뇌가 상황의 변화라는 인지하지 못할 정도로 변화의 정도를 아주 가볍고 작게 하는 것이다. 너무나 작아서 변화라는 생각조차 들지 않을 정도로, 너무도 쉬워서 도전이라고 생각할 필요가 없을 정도로 아주 작고 가볍게 시작한다. 그러한 변화에 뇌가 익숙해지면 다시 아주 작게 수위를 높여 간다. 이것이 바로 '점증적 실천 전략'이다. 이 전략을 사용하면 아무리 커다란 목표일지라도 손쉽게 달성할 수 있다.

'그러면 너무 느리게 목표를 달성하게 되는 것 아닌가?'라고 반문할 수 있다. 하지만 중요한 건 속도가 아니라 '지속력'이다. 목표 달성에 실패하는 이유는 스스로에 대한 과대평가와 과욕 때문이다. 우리는 자신의 수준 혹은 능력에 관해 과대평가하는 경향이 강하다. 그래서 우리는 어떤 목표를 세운 후 자기 자신의 수준에 맞춰 혹은 그 수준보다 약간 높여서 실행한다고 생각하지만, 사실 그 수준은 대부분 약간 높은 정도가 아니라 매우 높은 경우가 많다. 결국, 강력한 뇌의 저항에 의해 대부분은 중심을 잃고 넘어져 목표 달성은커녕 퇴보하게 된다.

다시 한번 강조하겠다. 목표 달성에 있어 중요한 건 속도가 아니라 '지속력'이다. 우리는 너무 쉬워서 실패할 수 없을 정도로 작고 낮은 수준에서부터 해야 한다. 이러한 점증적 실천 전략은 궁극적으로 우리를 목표 지점에 더 빠르게 도착하게 만들어 줄 것이다.

1. 하루 5분 책을 읽는다.
2. 하루 한 개 팔굽혀펴기를 한다.
3. 하루 한 개의 영어 문장을 외운다.
4. 하루 한 번씩 나의 꿈과 목표를 생각한다.
5. 하루 한 문장의 글을 쓴다.
6. 하루에 한 개의 칭찬을 한다.

이는 내가 2023년 1월에 세웠던 목표인데, 이를 반드시 지키기 위한 목표들을 세웠다. 이를 내가 아는 사람들에게 공개하고, 지키겠다고 선언했다. 그리고 하루에 한 개 이상 실패할 시, 천 원씩 벌금을 내서 매달 말에 사랑하는 이들에게 선물을 사주겠다는 약속도 걸었다.

이 목표에 대해 매주 정리했다. 한 달마다 사랑하는 사람들에게 소소한 선물도 전달했다. 1년간 평균적인 목표 달성률은 92퍼센트였다. 만약에 '하루 2시간씩 헬스장에서 운동하기'와 같은 목표를 세웠다면 아마도 실패했을 것이다. 하루 1개의 팔굽혀펴기를 하기 위해 바닥에 엎드리다 보니, 자연스럽게 10개도 하고 30개도 하게 되었다. 매일 칭찬을 하려고 하다 보니, 사람들의 단점이 아닌 장점을 찾게 되었다. 이렇듯 목표를 이뤄가면서 매일 모든 면에서 조금씩 나아지고 있다는 생각이 들었다.

1년간 목표를 달성하기 위해 계획을 세우고 사람들에게 선언한 뒤에, 어떤 상황에서도 예외를 두지 않기 위해 노력했다. 감기와 장염으로 가장 아팠던 날을 제외하고, 12시가 지나기 전에 그날 해야 할 일들을 끝내고자 했다. 무기력함과 슬럼프가 찾아올 때도 5분의 독서가 갖는 힘은 굉장했다. 나를 동기 부여하게 했고 새로운 아이디어를 주었으며, 다시 시작할 수 있는 용기를 주었다. 1년이 지난 뒤, 나에게는 '할 수 있다'라는 자신감과 매일매일의 계획들이 가득 적힌 6권의 다이어리가 남았다.

작은 목표를 성취해 본 사람은 큰 목표를 이룰 수 있다. 그 목표까지 가는 길을 알고 있기 때문이다. 아무리 작은 목표라도 그것을 이루기 위해서는 나와의 싸움에서 이겨야 한다. 세상에서 가장 힘든 싸움은 자기 자신과의 싸움이다.

매일 아침에 일어날 때부터 자신과의 싸움이 시작된다. 침대 위에서 '5분만 더 잘까?'라고 생각하는 자신을 이겨내고, 밖으로 나갈 때 특별한 삶이 시작된다. 매일 나와 싸움을 하며 나를 이기는 습관을 만들고 있다. 이를 통해 작은 목표들을 성취하자 올해의 목표는 더욱 크고 많아졌다. 이 책을 출간하는 것도 그 목표 중 하나다. 당신이 이 책을 읽고 있다면, 나는 올해 세운 목표를 하나 이룬 것이다.

이러한 점증적 실천을 통해 깨달은 것은 이것이다. 인간이 궁극적 성장을 이룰 수 있는 방법은 2가지다. 하나는 '어떤 일을 남들보다 잘하는 것'이고, 다른 하나는 '평범한 일을 꾸준히 반복하는 것'이다. 우리는 전자를 재능이라 부르고, 후자를 노력이라 부른다. 물론 둘 다 특별하다. 하지만 전자는 태어날 때부터 결정되고, 후자는 내 의지와 노력으로 결정할 수 있다는 점에서 큰 차이가 있다.

앞서 말했듯 나는 공부에 대한 재능도 없었고, 사업적 센스도 타고나지 않았다. 성장할 수 있는 유일한 방법은 누구나 할 수 있는 일을 하는 것이었다. 그냥 하는 것이 아니라, '매일, 꾸준히, 반복해서 오랜 시간 동안' 해야 한다. 세계적인 심리학 교수 애덤 그랜트Adam Grant의 저서 《오리지널스》에는 수많은 위인의 이야기가 등장한다.

- **모차르트**: 35세에 세상을 떠나기 전까지 600여 곡 작곡
- **베토벤**: 650곡 작곡
- **바흐**: 1000곡 이상 작곡
- **에디슨**: 특허 1093개
- **아인슈타인**: 논문 248편 작성

런던교향악단이 선정한 세계 50대 고전 음악의 목록에는 모차르트의 작품 6곡, 베토벤의 작품 5곡, 바흐의 작품 3곡이 올라가 있다. 애덤 그랜트는 그 원동력이 바로 일반적인 작곡가에 비해 '압도적으로 많은' 작곡 수라고 강조한다. 이들은 평생에 걸쳐 '매일, 꾸준하게' 작곡하고 발명하며 논문을 썼다. 단지 그것뿐이다. 하지만 이렇게 평범하고 단순한 행동의 반복이 세상에서 가장 뛰어난 결과를 만들어 낸다.

세계적인 저널리스트인 말콤 글래드웰Malcolm Gladwell도《아웃라이어》를 통해 자기 분야에서 최소한 1만 시간의 노력을 해야 뛰어난 성과를 이룰 수 있다고 말한다. 1만 시간은 하루에 최소

10시간씩 3년은 노력해야 달성할 수 있는 시간이다. 가장 똑똑하고 영리한 사람들이 정상에 오른다고 생각하지만, 사실은 '1만 시간'이라고 불리는 끊임없는 노력을 한 사람들이 정상에 오른다는 사실을 강조한다.

우리도 그 정도는 아닐지라도 누구나 밤을 새워 공부한 경험, 쉴 틈 없이 몰입하다가 코피를 쏟은 경험, 과로로 쓰러져 본 경험이 있다. 노력이라고 하면 단기간에 모든 에너지를 쏟아부은 경험만 기억에 남는다. 하지만 진정한 노력이란 점증적 실천이고, 이는 평범한 행동을 반복하는 것이다.

진정한 성장은 반짝하는 단 한 번의 노력으로 이뤄지지 않는다. 아무도 보지 않을 때, 묵묵히 평범한 행동을 반복하는 것에서 이뤄진다. 해본 사람은 알 것이다. '매일, 꾸준하게' 무언가를 반복하는 게 얼마나 어려운 일인지를. 그래서 성공하는 사람이 얼마나 적은 것인지를 말이다. 그러므로 당신이 행동을 망설일 때 이 점을 명심하자. 만약 무엇이든 해보고자 하는 마음을 열면, 당신이 치르는 가장 고된 투쟁은 당신의 가장 탁월한 강점으로 변화할 것이다.

이렇게 점증적 실천을 통해 목표를 이루기 위해 도전하고 실행

해서 자신이 주인이 된 삶을 살아간다면, 당신은 당신이 의도한 그
대로의 결과를 얻을 수 있다. 당신의 가장 위대한 잠재력에 도달
할 기회를 얻게 되는 것이다. 살면서 우리가 시도해 볼 수 있는 가
장 가슴 뛰는 모험은 바로 자기 자신만의 인생을 사는 것이다. '선
택은 언제나 내가 하겠다'라고 결심한 그 순간부터 당신은 삶이라
는 무대 위의 주인공이 된다. 이때 삶은 기적이 되며, 매일 매일이
축제의 연속이다.

에크하르트 톨레Eckhart Tolle는《삶으로 다시 떠오르기》에서 다
음과 같이 말한다.

> "삶의 예술에 깃든 비밀, 모든 성공과 행복의 비밀을 전하
> 는 3가지 어절의 표현이 있다. 바로 '삶과 하나 되기'다. 삶
> 과 하나 된다는 것은 '지금'과 하나가 된다는 뜻이다. 그렇
> 게 되면 당신이 당신의 삶을 사는 게 아니라, 삶이 당신을
> 통해 살고 있음을 깨닫게 된다. 삶은 춤꾼이며, 당신은 춤
> 그 자체다."

이를 적용해 본다면, 내가 본연의 내가 되어 삶과 하나가 되는

것이며, 이는 인생의 가장 위대한 축복이다. 한때는 게임중독자였고, 결혼하고 6년간 월셋집을 전전했었지만 앞으로 1년 뒤가 설레고, 10년 뒤를 상상하면 가슴이 뛴다. 어떤 사람들과 어떤 새로운 기회들을 만날지 기대된다.

나만의 인생을 찾아서 가는 길에는 수많은 반대와 어려움이 따른다. 돈 때문에 어려움을 겪을 수도 있다. 하지만 그 길의 끝은 진정한 자유와 행복이다. 지금 진정한 행복과 자유를 느끼며 살아가고 있다. 이 책을 읽고 있는 당신에게 묻고 싶다. 누가 당신의 삶을 소유하고 있는가.

점증적 실천에 따라 창업에 도전해 보고 싶은 사람들을 위해서 내가 아는 가장 효과적인 무자본 창업의 방법을 소개하겠다. 리스크도 없으며 심지어 돈이 없어도 창업이 가능한 방식이다.

첫째, 가설을 세운다.

둘째, 홈페이지를 만든다.

셋째, 소셜미디어를 통해 겉 포장지(이미지 또는 시제품)만 미리 팔아본다.

넷째, 첫 번째부터 세 번째 단계를 계속해서 반복한다.

예를 들어, '막힌 변기를 뚫어주는 서비스를 제공하면 많은 사람이 이용할 것이다'라는 가설을 세운다. '집에 있는 바퀴벌레를 잡아주는 서비스를 제공하면 수요가 있을 것이다.' 또는 '대형 폐기물 처리를 대신 처리해 주는 서비스를 제공해 주면 사람들이 좋아할 것이다'와 같은 가설을 세우는 것이다. 아직 서비스가 존재하지 않거나 소수의 업체만 존재하는 분야에서 우리가 일상에서 불편을 느끼고, 직접 하기에는 귀찮은 모든 일들이 사업의 대상이 될 수 있다.

그다음에는 네이버 '모두Modoo'를 활용해서 홈페이지를 제작한다. 네이버 모두로 제작한 홈페이지는 따로 최적화 과정을 거치지 않더라도 검색어가 자동으로 네이버에 즉각적으로 노출되고, 만들기도 굉장히 쉽다.

'변기 막힘', '바퀴벌레 퇴치' '대형 폐기물 처리'와 같은 핵심 키워드 앞에 '강남' '송파' '잠실'과 같은 지역명을 붙여서 홈페이지를 만든다. 예를 들어, '송파 바퀴벌레 퇴치 서비스' 또는 '잠실 변기 막힘 솔루션'이라고 만들면 된다. 여기에 미리캔버스를 활용해서 간단한 디자인을 제작한다. 디자인과 문구를 만들 때는 신뢰할 만한 업체임을 보여줄 수 있는 증명서나 프로필 사진, 작업 사진, 이력 등을 함께 보여주면 좋다.

가장 좋은 것은 유사한 분야의 경쟁자를 '벤치마킹' 하는 것이다. 벤치마킹하는 최소 단위는 20개다. 말 그대로 '최소한'의 단위다. 더 많이 하는 게 무조건 좋다. 디자인, 슬로건, 가격, 사진, 홈페이지 구성, 제품 또는 서비스 구성, 심지어 폰트와 글자 크기까지 모조리 분석한다.

디자이너 중에는 미적 자존심이 세면 자신만의 독창적인 창작물을 만들려고 노력하는 이들이 많다. 디자이너를 채용할 때 이런 사람들은 무조건 거른다. 앞서 이야기한 것처럼 피카소는 현대 미술에서 창조적인 아티스트로 평가된다. 기존의 회화 기법과 전혀 다른 입체파Cubism를 주도적으로 만든 인물이기 때문이다. 피카소는 창조성을 강조하는 얘기를 하면서 다음과 같은 명언을 남겼다.

"저급한 예술가는 베끼고, 위대한 예술가는 훔친다."

이는 위대한 예술가란 단순한 모방과 카피에서 벗어나서 기존의 창작물에서 영감을 받아 완전히 새로운 것으로 변화시키는 사람이라는 사실을 드러낸다. 그 수준에 이르려면 기본에 충실하며 많은 양의 작품들을 계속해서 소화하는 과정을 지속해서 거쳐야 한다. 좋은 디자인도 이와 같다. 좋은 디자이너가 되기 위해서는 기본에 충실하며 많은 양의 레퍼런스와 트렌디한 창작물을 계속해서 보고 분석하는 과정을 거쳐야 한다.

사업에서 필요한 디자인 능력은 아무도 따라올 수 없는 유니크한 독창성이 아니라 회사가 원하는 디자인 콘셉트와 비슷한 레퍼런스를 찾고, 그것을 기반으로 새로운 창작물을 만들어내는 능력이다. 한 분야에서 전문가가 되기 위해서는 '벤치마킹', 즉 모방이 반드시 그 시작점이 되어야 한다. 이것이 바로 '패스트 팔로워 전략'이다.

마지막으로는 실제 내가 팔려는 제품과 서비스에 대한 수요가 있는지 검증하기 위해서 포장지를 먼저 팔아보는 것이다. 이를 '가설 검증 절차'라고 한다. 오프라인 매장도 없고, 시제품이 하나만 있어도 홈페이지를 통해 먼저 판매를 해 보는 것이다. 와디즈를 통해서 크라우드 펀딩을 해봐도 좋고, 크몽에 판매를 해 봐도 좋다. 소셜미디어에 익숙하다면 인스타그램이나 릴스, 숏츠 제작, 블로그 등을 통해서 마케팅을 해본다. 만약에 강의나 전자책을 판매한다면, 무료 강의혹은 무료 전자 PDF 파일 등을 통해서 내 상품과 서비스에 관심 있는 사람들의 DB를 얻을 수 있는 미끼 상품을 만드는 것도 효과적이다.

마케팅을 어떻게 하는지 모르겠으면 최소 20권 정도 마케팅에 관한 책(부록에 추천 책을 넣어놓겠다)을 읽거나 〈클래스 101〉, 〈라이프해킹스쿨〉에서 마케팅 강의를 들어본다. 이 정도 노력도 없이 사업을 한다는 건 '초보자도 한 달이면 월 1,000만 원의 자동 수익을 만들 수 있습니다'라고 말하는 것과 다름없다. 세상에 그런 건 없다. 그렇게 말하는 사람은 전부 다 사기꾼이다. 겉보기에 화려하고 성공한 모든 일들의 이면에는 죽기보다 싫을 만큼 고통스러운 순간을 견딘 스토리가 자리 잡고 있다. 반드시 명심하라. 과정이 없는 성공은 존재하지 않는다. 과정이 쉬워 보이게 만드는 사기꾼들만 있을 뿐이다.

이렇게 가설을 세우고 검증하는 과정을 계속해서 반복하다 보면 결국 '성공이 터져 나오는 순간'이 찾아온다. 여러 번 실패해도 딱 한 번만 성공하면 되는 것이다. 반복적으로 가설을 세우고 검증을 실행에 옮기다 보면, 무조건 당첨 공을 한 번은 뽑게 될 수밖에 없다. 이것이 성공에 대한 가능성을 높이는 원리다. 그리고 이후에는 이렇게 말해야 한다.

'나는 운이 좋아서 성공한 거야.'

이는 사실이다. 그 성공의 운을 높이기 위해 비록 수많은 실패를 거쳤지만 말이다. 본질은 결국은 운칠기삼運七技三이다. 온 힘을 다해 노력했지만 결국 모든 것은 운이 좋아서 이루어진 것이기에 삶 앞에서 겸손해야 한다.

이렇게 무자본으로 사업을 하는 것이 1억 원을 투자해서 오프라인 매장을 열고 창업하는 것보다 훨씬 성공률이 높다고 생각한다. 사업을 해본 사람은 알겠지만, 각 단계에서 내가 필요한 기술은 모두 경쟁자 '벤치마킹'과 '책 읽기'로 해결할 수 있다. 이는 성장의 기폭제 역할을 한다. 이렇게 10개쯤 창업에 도전해 보다 보면 기필코 성공 사례가 등장할 것이다. 그게 당신의 인생을 바꾸게 된다.

지금 내가 정리한 내용이 현재 대한민국에 나와 있는 모든 무자본 창업 전자책 PDF 파일의 최종 요약 버전이라고 보면 된다. 유명한 전자책은 모조리 다 구매해서 읽어봤기에 확실하게 말할 수 있다. 이게 전부다.

성공적인 창업자가 되기 위해서는 이 과정을 반복하며 기나긴 과정과 역경을 견뎌야 한다. 다이아몬드는 수만 시간 동안 엄청난 압력을 견디면서 탄생한다. 창업의 과정도 이와 같다. 짧으면 6개월, 길면 1년 이상이라는 긴 시간 동안 엄청난 압력을 견뎌야 다이아몬드로서 세상에 나올 수 있다. 카네기 멜런 대학의 랜디 포시 Randolph Frederick Pausch 교수는 말기 암 진단을 받고 난 뒤 마지막 강의에서 다음과 같이 말했다.

"역경이 존재하는 이유가 있습니다. 역경은 우리를 몰아내기 위해 존재하는 것이 아닙니다. 역경은 우리가 무언가를 얼마나 간절히 원하는지 깨달을 수 있는 기회를 주기 위해 있는 것입니다. 그것을 충분히 간절히 원하지 않는 사람들에게 역경은 그만하라고 말합니다. 역경은 그런 사람들을 단념하도록 하기 위해 존재합니다.”

역경은 또한 우리를 단련시키는 선물이자, 성숙의 발판이다. 성공적인 창업자가 되기 위해서는 반드시 거쳐야 하는 과정이다. 당신이 지금 어떤 역경을 마주하고 있더라도 이 점만은 꼭 기억하길 바란다. 삶이라는 캔버스는 우리가 하는 모든 경험으로 채워진다. 그 경험이 부정적인 경험이든, 긍정적인 경험이든 각각이 가진 아름다운 색깔로 삶이라는 캔버스를 채워나간다. 그리고 아름다운 색을 칠할 붓을 움직이는 것은 바로 당신이다. 마지막으로 오프라 윈프리Oprah Gail Winfrey가 했던 말을 기억하기 바란다.

“내가 확실히 아는 것이 있다면 고난과 역경과 저항 없이는, 그리고 종종 고통 없이는 강인함이란 존재하지 않는다.”

관성을 벗어나는
환경을 만드는 법

앞서 말한 것처럼, 사람들이 새해에 다짐한 목표를 이룰 확률은 8퍼센트에 불과하다. 아무리 굳게 결심하더라도 사람들의 25퍼센트는 1주일 안에 포기하고, 50퍼센트는 1달 안에 포기한다. 마지막까지 성공하는 8퍼센트가 되기 위해서는 점증적 실천과 함께 내가 중간에 포기하지 않도록 만드는 강력한 환경 설정이 중요하다.

지금 이 책을 읽고 매일 30분씩 운동하기로 결심했다면, 헬스장에서 PT를 등록하거나 소모임 앱을 통해 러닝 크루에 합류하면 된다. 그렇게 하지 않으면 조금만 피곤해도, 조금만 날씨가 안 좋아도, 오늘은 중요한 약속이 있다는 핑계를 대며 반드시 일주일 내에 운동을 포기할 것이기 때문이다. 매주 최소 1권의 책을 읽기로 결심했다면, 인터넷에서 독서 모임을 검색해서 마음에 드는 곳에 가입한다. 이렇게 '환경 설정'을 하면 아무래도 책임감이 생겨 그것을 이룰 확률이 훨씬 높아진다. 내가 게으름을 피우고 싶고, 하고 싶지 않아도 환경이 나를 가만두지 않는다.

내가 속한 환경에서 주변 사람들의 역할은 생각보다 중요하다. 한번은 지인 중의 1명이 우리 집에서 2주간 머문 적이 있었다. 나는 술과 담배를 하지 않고, 밤에 늦어도 1시면 잠자리에 드는데, 이 친구는 나와 정 반대 습관을 가지고 있었다. 매일 2갑씩 담배를 피우고, 매일 밤 맥주를 한 캔씩 마시며, 새벽 3시는 되어야 잠에 들었다. 특히 탄산음료에 대한 집착은 거의 중독에 가까워서 물 대신에 탄산음료를 마시는 습관이 있었다. 당연히 냉장고는 콜라와 맥주로 가득 차게 되었다.

당시 탄산음료를 의도적으로 줄이고자 노력하고 있었는데, 2주가 지나자 나도 어느새 자연스럽게 탄산음료를 마시는 습관이 생기게 되었다. 좋은 습관은 전염되지 않는데 나쁜 습관은 마치 바이러스처럼 빠르게 내 삶에 침투해 들어왔다. 그 친구가 떠나고 나서 탄산음료를 줄이기 위해 정말 의도적으로 엄청난 노력을 해야만 했다.

하버드 대학교의 니컬러스 크리스태키스Christakis Nicholas A. 교수는 《행복은 전염된다》를 통해 친한 친구가 비만이 되면 당신도 그렇게 될 확률이 57퍼센트나 높아진다고 전한다. 경험을 통해서 이를 뼈저리게 느꼈다. 우리는 우리가 자주 만나는 사람들 5명의 평균값이다. 그만큼 자주 어울리는 사람들과 비슷하게 생각하고 행동한다. 심지어 부부는 닮아가기까지 한다.

그러므로 이를 효과적으로 활용해서 목표를 달성하며 성공하고 싶다면 의도적으로라도 성공을 추구하는 사람들로 주변을 채워야 한다. 나는 부정적인 사람들이 있는 모임에는 되도록 참여하지 않는다. 내 시간과 에너지를 그런 이들을 위해 소비하기에 너무나 아깝다. 당신의 에너지를 갉아먹는 모든 부정적인 것들을 제거해라. 이들은 당신의 에너지를 빼앗는 도둑들이다.

당신의 삶을 긍정적인 사람들과 환경으로 채워놓을 때, 성공으로 가는 길은 비로소 깨끗한 모습으로 드러나며 비로소 일관되게 성공에 이를 수 있다. 나쁜 사람들과 어울리지 말라는 부모님의 말씀은 참이며, 근묵자흑(近墨者黑, 검은 먹을 가까이하면 자신도 검어진다)이라는 사자성어는 경험 법칙으로 입증된 개념이다.

마케팅에 필요한 능력을 만들기 위해서 환경 설정이 필요하다고 판단되면 가장 먼저 스터디를 만들고 스터디 리더가 된다. 그리고 내가 스터디 리더로서 중요한 마케팅 방법을 미리 공부해서 스터디 때마다 강의하겠다고 약속한다. '의지력'이 약하고, 천성적으로 게으른 사람이라도 이렇게 누군가를 가르치겠다는 책임감을 갖고 약속하게 되면 하기 싫어도 눈물을 머금고 공부할 수밖에 없다.

나는 사람들에게 인정받고 싶은 욕구가 강하고, 무시당하는 것을 싫어한다. 내가 중요한 마케팅 방법을 알려주겠다고 약속하고 강의 준비도 없이 모임에 나간다면 모두 나를 한심하게 쳐다볼 것이고, 그런 상황이 죽기보다 싫기에 어떻게든 공부하게 될 것이다. 지금 글을 쓰면서도 그런 상황이 꿈속에라도 나올까 겁이 난다.

'가르치는 것'은 내가 배운 내용을 완전히 내 것으로 만드는 가장 좋은 방법이다. 수능 영어를 가르치면서 영어 실력이 5배는 더 높게 상승했다. 글을 읽는 능력부터 단어에 대한 추론 능력, 문제 해결력까지 모두 다 향상됐다. 이렇게 직접 가르쳐보는 것은 엄청난 학습 효과를 갖는다. 그렇기에 이 원리를 다른 능력을 향상하기 위해서 계속 적용하고 있다.

매번 '실행'이라는 키워드가 나오면 '의지력'이라는 단어를 빼놓을 수 없다. 의지력이라니! 생각해 보면 정말 멋진 단어가 아닌가. 자기 행동을 결정하기 위해서 스스로를 통제할 수 있는 능력이다. 거기에 훈련을 더하면 곧 습관이 되니 의지력이라는 것은 사실 엄청나게 대단한 힘이다. 그러나 인간은 기계가 아니라서 인간의 의지력은 급격하게 소모된다. 믿을만하지 못한 존재다. 의지력이 늘 발휘될 수 있다는 것은 '거짓말'이다. 의지력은 우리의 체력과 관련이 깊어서 피곤한 상태에서는 의지력이 잘 발휘되지 않는다. 하루에 쓸 수 있는 의지력의 양은 정해져 있다. 의지력은 자동차에 채워둔 연료와 같다. 더 많이 달릴수록 연료는 점점 고갈된다.

처음에 미친 듯한 열정으로 밤새워 공부하던 학생들이 얼마 못 가서 포기하는 것을 너무 많이 봤다. 밤새 공부하고 다음 날 쓰러져서 못 일어나는 것처럼, 인간의 의지력은 나약하고 좀처럼 의존할 만한 대상이 아니다.

따라서 목표를 성취하고자 한다면 반드시 강력한 '환경설정'을 해야 한다. 인간의 의지력을 믿는 것이 아니라 내가 만들어 놓은 환경을 믿는 것이다. 이 원리를 깨달으면 자신이 원하는 목표는 다 이룰 수 있다. 반드시 마음에 새기기 바란다. 성공하려면 주변 환경이 당신의 목표 달성을 도와줘야 한다. '그렇다면 얼마나 긴

시간 동안 환경을 설정하고 실행해야 할까?'

런던 대학교에서 실시한 연구에 따르면, 새로운 습관을 형성하기까지 걸리는 시간은 평균 66일인 것으로 나타났다. 연구자들은 학생들에게 '다이어트'라는 목표를 세우게 하고 일정 기간 운동하게 한 뒤 그 과정을 연구했다. 그 결과 운동이 자동으로 혹은 가장 적은 노력으로 나타나는 순간은 66일째부터 진행되었다.

즉, 66일째가 되자 크게 의식하지 않고도 내가 원하는 새로운 습관이 내 일상이 된 것이다. 재미있는 사실은 이렇게 환경 설정을 통해 66일이라는 시간 동안 B급 기술 3가지만 익혀도 상위 1퍼센트에 해당하는 엄청난 퍼포먼스를 낼 수 있게 된다. 평범한 사람도 쓸모 있는 기술을 3가지만 모으면 상위 1퍼센트의 성과를 내는 엄청난 존재가 된다. 내 경우만 해도 영어 학원을 운영하면서 블로그와 인스타그램, 유튜브 채널을 운영하는 마케팅 능력과 디자인 능력, 영상 촬영 및 편집 능력, 좋은 글을 쓸 수 있는 문장력을 갖추고 있다.

영어 학원은 수없이 많고, 블로그와 인스타그램, 유튜브를 하는 사람들도 각각 엄청나게 많다. 그러나 이 모든 능력치를 일정 수준 이상 다 소유한 사람은 극히 드물다. 나는 여기에 디자인하고,

영상을 제작하며, 책을 읽고 책을 쓰는 능력까지 더해서 성장에 필요한 스킬을 계속 배워갔다(더 많은 성장 스킬을 알고 싶다면《타이탄의 도구들》을 읽어볼 것을 추천한다). 이렇게 되면 상위 1퍼센트가 아니라 상위 0.1퍼센트의 퍼포먼스를 낼 수 있다. 학원을 운영하는 원장이라면, 이 3가지 기술을 익혀야 한다.

- 영상 편집
- 온라인 마케팅 (유튜브, 인스타그램, 블로그)
- 글쓰기

나는 유튜브 채널을 시작하면서 다음과 같은 가설을 세웠다.

유튜브 돈 복사 공식 (매출액) = 콘텐츠 조회수 × 링크 클릭률 × 구매 전환율 × 객단가

만약 유튜브를 통해 내 학원의 매출을 1,000만 원 높이고 싶다면, 각각의 요소들에 대해 이해하고, 이를 높이기 위해 노력해야 한다. '영상의 조회 수는 어떻게 높일 수 있을까?' '영상을 통해 내

학원의 홈페이지 링크를 클릭하게 만드는 비율(링크 클릭률)은 어떻게 올릴 수 있을까?' '홈페이지를 통해 실제 학원 등록으로 이어지도록 만드는 비율(구매 전환율)은 어떻게 올릴 수 있을까?'와 같은 생각을 하면서 책을 읽는다. 그리고 실제 영상을 찍어서 어설프게나마 편집하고 올리면서 사람들의 반응을 관찰하며 피드백을 받으면서 성장한다.

  '유튜브 알고리즘이 책에서 나온 것과는 다르네. 이렇게 만들어
  야 더 많이 노출되는구나.'
  '심리학 책에서 배운 내용에 따라 사람들의 호기심을 자극하는
  섬네일을 만들었더니 역시 반응이 좋네.'
  '같은 영상이라도 제목과 해시태그에 따라서 반응률이 다르네.
  여기에 조금 더 신경을 써야 하겠다.'

  이렇듯 계속 실행하면서 이렇게 자신만의 노하우를 쌓아간다. 그리고 이러한 노하우가 당신의 가장 강력한 무기가 될 것이다. '목표 매출액을 1,000만 원, 링크 클릭률 5퍼센트, 구매 전환율 2퍼센트'라고 가정한 후, 객단가가 108만 원인 온라인 강의 [세움패스]

를 제작했다. 위의 공식에 따라 내가 1,000만 원의 매출을 발생시키려면 내 영상 조회 수가 약 10,000회 정도면 된다. 그리고 영상 댓글에 내 홈페이지 링크를 상단 고정해서 놓으면 된다.

다시 말해, 영상 조회 수가 10,000회라면, 그중 5퍼센트의 사람들(500명)이 고정 댓글에 있는 세움영어 홈페이지 주소를 클릭해서 방문하고, 방문한 사람들 중에서 2퍼센트의 사람들(10명)이 108만 원짜리 '세움영어 온라인 강의 세움패스'를 구매한다면 약 1,000만 원의 매출이 생긴다.

즉, 이 공식에 따라 다음과 같이 생각했다. 한 달에 1,000만 원을 더 벌기 위해서는 한 달에 [세움패스] 강의를 10개씩 판매하면 된다. 구매 전환율이 2퍼센트라고 가정했을 때, 한 달에 [세움패스] 강의를 10개씩 판매하려면 500명이 내 웹사이트에 들어와야 한다.

링크 클릭률이 5퍼센트라고 가정했을 때, 내 웹사이트에 500명이 들어오게 만들려면, 10,000명이 내 영상을 시청해야 한다. 매달 세움영어 유튜브 영상을 1만 명이 시청하도록 만들면, 매달 1,000만 원의 추가 이익을 얻을 수 있다.

이렇게 가설을 세웠으면 이를 검증하고 성과를 내기 위해서는 실제 영상을 만들고 행동해야 한다. 오직 환경설정과 점증적 실천이라는 행동만이 현실을 바꿀 수 있다. 이 책을 읽고 행동에 옮기는 사람은 10명 중 1명에 불과할 것이다. 아니 이보다 더 적을 것이다. 9명은 방구석 평론가가 돼서 아무것도 하지 않고 원래 살아가던 안전지대 속에서 평범하게 살아갈 것이다. 이런 사람들의 현실은 절대 바뀌지 않는다. 오직 제대로 된 환경을 설정하고 점증적 실천으로 행동하는 사람만이 원하는 목표를 이뤄내고 현실을 변화시킨다. 당신이 그중 한 사람이 되길 바란다.

타고난 지능을 초월하는 법

"당신이 할 수 있는 모든 것을, 또는 꿈꿀 수 있는 모든 것을 시작하라.
대담함은 그 안에 천재성과 힘과 마법을 함께 지니고 있으니."
- 괴테

인간의 마음에는 도전과 실패에 대한 두려움이 각인되어 있다. 유전자는 우리의 무의식에 무자비한 도전을 통해 성적 욕망을 실현하고 번식하며 번영하도록 하는 명령을 내린다. 우리의 마음은 유전자의 명령에 따라 움직였다가 실패했던 경험을 통해 우리를 안전지대에 머무르도록 통제하고 억압한다. 과거 원시시대에 새로운 도전을 한다는 것은 때로는 죽음과 직결되는 문제였다. 그래서 인간의 마음은 이러한 무모한 도전을 억압하고, 실패를 회피하도록 이끈다.

'그렇다면 어떻게 하면 내가 가진 무한한 가능성과 잠재력을 더 강하게 발현할 수 있을까?'

나는 매번 실패하고 성장의 한계에 부딪힐 때마다 나에게 이런 질문을 던진다. 삶의 다음 단계로 넘어갈 때 이런 고민은 더욱 깊어진다. 이런 순간마다 나는 내가 하고 있는 일, 내가 살고 있는 도시, 내가 만나고 있는 사람들에서 벗어나 나를 더 크게 만들 수 있는 분야와 공간으로 떠난다. 가끔 이런 결정이 두렵기도 하지만, 두려움은 나를 꼼짝 못 하게 가둬버릴 것이고, 내가 절대 '최고의 나'로서 성공하지 못하도록 막아설 것이라는 사실을 안다.

이렇게 대담하게 행동하는 것은 내가 인식하고 있는 한계에 도전하고, 가장 위대한 비전을 향해 나아갈 수 있는 유일한 방법이다. 이러한 삶은 나 스스로를 세상에 증명하는 가장 강력한 방식이 된다. 이것이 내가 한 번씩, 두 번씩 두려움을 이겨가면서 배운 궁극적인 교훈이다. 이는 최고의 삶을 향해 계속 나아간다는 것의 진정한 의미다.

세계적인 지도자로 존경받았던 사람들은 아직 볼 수도 만질 수도 없는 미래를 확신하는 힘을 가지고 있었다. 새로운 세계를 창조하기 위해서는 새로운 일이 실현될 것이라는 사실을 믿고 이를 행동으로 옮겨야 한다. 인간은 미래를 예측하기는 어렵지만, 자신이 원하는 미래는 만들어낼 수 있는 능력이 있다. 그러나 이는 수많은 사람들로부터 역풍을 불러일으킨다. 라디오와 텔레비전을 탄생시킨 마르코니는 눈에 보이지 않는 전파의 힘을 이용하는 것이 꿈이었다. 그가 자신의 꿈을 친구들에게 말하자 친구들은 다음과 같이 이야기했다.

"보이지도 않는 전파를 이용하는 건 불가능해."
"너는 돌았어."
"시간 낭비야."
"멍청하긴."

그러나 결국 그는 눈에 보이지도 않는 전파를 이용해서 라디오와 텔레비전을 탄생시켰다. 그가 자신의 삶을 통해 꿈을 증명해 보이고 나자 주변 사람들이 그를 인정하기 시작했다. 성공한 수많은 사람들도 처음에는 이런 고난을 겪었다. 내가 처음 공부하면서 들었던 말도 이와 같았다. 꼴찌에 가까운 내가 공부를 잘하게 된다는 것은 불가능하다는 논리였다. 하지만 포기하지 않고 노력하다 보니 공부를 잘할 수 있게 되었고, 그 과정에서 엄청난 노하우도 쌓을 수 있게 되었다.

인간은 실패 속에서 성장한다. 수많은 훈련과 노력, 그리고 실패를 통해 발전하는 것이다. 그래서 성공은 이렇게 내가 '선불'을 치른 대가다. 그전에 내가 지불을 안 했는데 어느 날 갑자기 성공이 내 앞에 찾아오지는 않는다. 단 한 번도 경기에서 패배하지 않은 농구 선수는 없다. 단 한 번도 패배하지 않은 축구 선수도 없다. 세계적인 선수들은 모두 수만 시간의 연습과 수 천 번의 패배 속에서 성장을 반복한다. 그리고 세계 최정상의 자리에 오른다. 이처럼 성장은 반드시 실행을 전제로 한다. 실패도 귀중한 성장의 과정이다.

나의 인스타그램 릴스 정복기

나는 처음 인스타그램에서 릴스를 시작할 때 정말 완전히 실패했다. 릴스를 보지도 않는 사람이 릴스에 진출하려고 했으니 무슨 섬네일이 선택받는지, 사람들이 어떤 콘텐츠를 원하는지에 대한 지식이 아예 없었기 때문이다.

아무리 노력해서 영상을 올려도 조회 수가 300회도 나오지 않았다. 그래서 나의 부족한 점을 인정하고, 인스타그램에 관련된 책을 20권 정도 읽어보며, 인스타그램에서 잘 되는 릴스를 하루에 3시간씩 보면서 분석한 결과 다음과 같은 3가지 결론이 도출되었다.

첫 번째, 일부러 5퍼센트의 논란을 만든다. 그냥 평범하게 쓸 문구도 5퍼센트 정도는 자극적으로 써서 한 번 더 보게 만든다.

사람들은 타인이 잘 살고, 성공하는 모습을 보면 심리적으로 마음의 빗장이 잠기고, 마음의 팔짱을 끼면서 단어 하나로 꼬투리 잡고 싶어 하며, 자신보다 행복해 보이는 사람을 끌어내리고 싶어 한다. 그래서 이런 사람들이 가진 심술궂은 심리적 기제를 활용한 제목(예를 들어, 월세로 원룸 살던 내가 이렇게 예쁜 여자랑 결혼할 수 있었던 이유)을 작성하면 사람들이 꼬투리를 잡기 위해 영상을 보는 동안

227

영상이 계속 재생되고, 영상 내 체류시간이 증가한다. 이는 결과적으로 알고리즘에 의해 더 좋은 영상으로 판단되어 더 많은 사람들에게 확산이 된다. 온라인 플랫폼의 궁극적인 목표는 사람들이 온라인 플랫폼에 체류하는 시간을 증가시키고 더 많은 사람들이 원하는 콘텐츠를 노출하는 것이다.

두 번째, 악플을 지우지 않고 그대로 남겨놓는다. 사람들은 영상을 클릭하고 바로 댓글 창을 열어본다. 내가 관심 있는 영상에 다른 사람들은 어떻게 반응했는지 궁금하기 때문이다. 따라서 악플을 남겨놓으면 내 콘텐츠를 통해 사람들의 체류시간을 증가시키는 효과를 만들 수 있다. 이것이 악플을 남겨놓는 이유다.

최근 한 달간 릴스 영상을 통해 약 100만 뷰의 누적 조회 수를 달성하면서 여러 가지 악플들을 경험했다. 모든 악플들은 사람에게 작든 크든 심리적인 타격을 준다. 그러나 악플을 남기는 사람들의 심리에 관해서 공부하면 할수록 내가 정신적으로 받는 영향이 감소했다. 악플을 남기는 사람들의 심리는 간단하다. 열등감, 질투심, 안 좋은 환경 때문에 자신보다 잘난 사람에 대한 공격성을 발휘하는 것이다.

지금은 나의 부족한 점을 지적해 주는 악플(충분히 긍정적인 표현으로 할 수 있는 말을 부정적인 표현으로 전달해 준 것)에 대해서는 '감사합니다'라는 인사를 남겨주고, 아무 의미 없는 인신공격형 악플에 대해서는 무관심으로 대처할 수 있게 되었다.

중요한 점은 사람들이 악플을 달거나 악플을 읽는 동안 영상은 계속 반복 재생되고, 동일하게 체류 시간과 영상 기여도가 증가해서 더 많은 사람들에게 확산이 된다는 것이다. 그러니 악플을 남겨놓는 것이 콘텐츠의 확산에는 확실히 도움이 된다.

세 번째, 이는 가장 중요한데, 만약 릴스와 같은 숏폼 영상을 촬영한다면 처음에 가볍게 시작해야 한다. 나는 처음에 릴스 영상의 수준을 높이는 것보다 영상 밑에 쓴 글의 수준을 높이는데 더 많은 시간을 집중했다. 결국 콘텐츠 창작의 핵심은 콘텐츠의 수준에 있다. 영상은 편하게 촬영해도 그 영상을 보면서 읽을 내용을 더 깊이 있게 작성한다면 더 쉽고 편하게 고품질의 콘텐츠 제작이 가능하다. 영상을 찍고 편집하는 게 어렵다면 최대한 도움이 되는 내용을 전달해서 슈퍼 기버Super Giver의 역할을 하는 게 좋다.

매일 꾸준하게 릴스 영상을 제작하면서 인간의 호기심을 자극하는 문구를 만들고, 그에 맞는 글을 작성할 수 있는 전문가가 될 수 있었다. 매일 A4 용지 한 장에 달하는 글을 흡입력 있게 써 내려

가야 했다. 끝없이 통찰력을 요구하는 작업이었기에 운동하면서
도, 밥을 먹으면서도 끊임없이 인간의 심리에 대해 생각했다. 덕분
에 인간의 심리를 깊이 있게 이해할 수 있었다. 이와 함께 댓글을
통해 끊임없이 피드백을 받으며 생각을 유연하게 수정해 나갔다.

이렇게 1년간 총 100개의 릴스 영상을 업로드했다. 이는 내 사
업에 굉장히 긍정적인 영향을 미쳤다. 우선, 세움영어에 관한 릴
스 영상의 누적 조회 수가 220만 회를 넘어가면서 수강신청 문의
가 급증했다. 또한 내 개인 계정의 팔로워가 1만2천 명으로 늘어
났다. 릴스 덕분에 세움영어를 많은 사람들에게 폭발적으로 알릴
수 있었고, 마케팅 역량도 강화시킬 수 있었다.

모든 영상이 성공한 것도 아니고, 모든 댓글이 선플만 있던 것
도 아니었다. 그러나 꾸준히 릴스 영상을 업로드하면서 릴스의 확
산 알고리즘과 릴스에 반응하는 사람들의 심리에 대해서 많은 것
을 배울 수 있었다. 만약 아직도 릴스에 도전해 본 경험이 없다면,
실패해도 괜찮으니 나의 3가지 조언을 따라 영상을 제작해 볼 것
을 추천한다. 분명 그 작은 도전이 독자분들의 인생을 완전히 바
꿔놓을 것이다.

궁극적 성장에 도달하기

인생을 변화시키는 방법은 간단하다. 더 나은 의사결정을 반복해서 실행하면 된다. 마음을 열고(마음의 빗장과 팔짱을 풀고), 독서와 글쓰기, 운동을 통해 뇌를 최적화시켜서 초지능의 상태로 진입하면 새로운 기회가 발견되고, 성장의 속도가 빨라진다. 스티브 잡스는 이를 '커넥팅 더 닷츠Connecting The Dots'라고 표현했다. 처음에는 전혀 상관없이 보이는 일들이 나중에 되돌아봤을 때, 서로 연결되어서 성공으로 가는 길을 만든다는 의미다.

우리는 삶을 살아가면서 수많은 점을 찍게 된다. 어떤 점을 찍느냐가 결국 어떤 인생을 사는지를 결정하는 것이다. 지금부터 당신이 현명한 판단을 통해 똑똑하게 인생의 점을 찍어나가는 방법에 대해서 알려줄 것이다. 단기적으로는 손해처럼 느껴지는 판단이 장기적으로는 이득이 되는 경우가 정말 많다. 이 사실을 먼저 이해해야 한다.

내 인생에서 가장 중요한 시작점은 미친 듯이 책을 읽고, 책을 쓰는 것이었다. 성장의 3번째 단계인 흡수 단계에서 보여준 것처럼, 독서와 글쓰기는 나를 더 똑똑하게 만들어줬고 더 나은 의사결정을 할 수 있도록 해주었다. 돈이 없어서 원룸 월세를 전전할 때 편의점 아르바이트라도 했으면 매달 더 큰돈을 벌었을 것이다. 하지만 나는 그러지 않았다. 도서관에 처박혀서 책을 읽고 책을 썼다. 이게 내 인생의 첫 번째 중요한 점이었다.

내 인생의 두 번째 점은 마케팅에 대해 배운 것이었다. 철저하게 생활비를 벌기 위해 책을 팔아야 했다. 책을 팔려면 독자들의 심리를 이해해야 했고, 고가의 마케팅 강의를 들을 여유가 없었기에 마케팅 책을 읽고 이를 계속해서 실행해야 했다. 책에서 배운 내용을 계속 적용하고 실행하면서 책에서 가르쳐 주지 않은 정말 많고 실질적인 지식과 노하우를 깨달을 수 있었다.

전작 《지식을 돈으로 바꾸는 기술》이 네이버 베스트셀러에 선정되고, 대학교 2학년 학생에 불과했던 내가 국내 최대 출판사 중 한 곳인 한경BP와 출간 계약을 맺으면서 내 브랜드 가치는 더욱 높아졌다. 이는 현재 내가 하는 사업이 성공하는 데 지대한 영향을 미쳤으며, 다른 분야의 어떤 사업을 하더라도 성공시킬 수 있는 실력을 갖추도록 해주었다.

지금 쓰고 있는 이 책이 성공한다면 세 번째 점을 새롭게 찍게 된다. 이 책을 쓰기 위해 11월과 12월에 진행되는 학원 수업을 모두 없애버렸다. 몇 천만 원에 해당하는 매출을 날리는 셈이다. 하지만 그 돈을 포기하고 이 책을 완성한다면, 지금보다 더 뛰어난 인재들을 만날 수 있을 것이고, 그러면 그 인재들과 함께 새로운 사업에 도전할 수 있을 것이다. 나는 단기적 손실을 감수하더라도 장기적으로 이득이 되는 점을 찍고 있다.

그러니 당신도 단기적으로 손실을 보더라도 장기적으로 이득이 되는 점을 찍기 위해 노력해야 한다. '현재 저는 쿠팡 물류센터에서 일하고 있는데요' '저는 그냥 카페 직원에 불과해요' '저는 카카오 대리운전하는 사람인데 가능할까요?'

내가 하고 싶은 말은 이렇다. 지금 현재 위치는 중요하지 않다. 자신만의 꿈을 꾸고 노력하는 것이 중요하다. 물류 센터에서 일한다면 유통 사업에 대한 책을 읽어보고, 스마트스토어 강의도 들어보면서 쿠팡의 물류 시스템을 배워보려고 노력하면 된다. 카페 직원이라면 카페 창업에 관한 책을 읽어보고 마케팅 강의도 들어보면서 사람들이 어떤 메뉴를 좋아하는지, 어떤 상권이 유동성이 높은지, 어떤 마케팅을 했을 때 매출이 상승하는지 분석한다. 카카오 대리운전을 하는 사람이라면 《부의 추월차선》을 읽으면서 저자이자 억만장자인 엠제이 드마코MJ DeMarco도 대리운전을 했었다는 사실을 기억해라. 그리고 사람을 상대하고 영업하는 책을 읽고 강의를 들으면서 서비스와 영업에 대한 노하우를 익히면 된다. 지금과 같은 삶을 살 것인가 아니면 변화할 것인가는 전적으로 당신에게 달려 있다.

'어떤 선택을 하는지가 정말로 중요하다.'

사람은 서면 앉고 싶고, 앉으면 눕고 싶어 하는 존재다. 그중에는 앉고 싶어도 서 있기로 선택하는 사람이 있고, 눕고 싶어도 앉아있기로 선택하는 사람이 있다. 이는 자신만이 선택할 수 있다. 수백 가지 선택의 결과가 지금의 당신이다. 가난하게 태어나는 것은 내 잘못이 아니지만, 가난하게 죽는 것은 내 잘못이다.

나는 가난하게 태어났지만, 가난하게 죽고 싶지 않았다. '나는 성공하겠다'고 결심(決心)하고 결단(決斷)했다. 성공하겠다고 마음만 먹은 것이 아니라 성공에 걸림돌이 되는 유혹을 과감하게 끊어내고자 결단했다. 이게 바로 '환경설정'이다. 평범하게 사는 것이 아니라, 치열하게 사는 삶을 선택했다. 가난해지겠다고 결정하는 사람은 없다. 단지 잘못된 결정이 모여서 가난이라는 퍼즐을 완성할 뿐이다.

삶을 통제할 권한을 다른 사람에게 주지 않았다. 회사, 친구, 부모님 그 밖의 모든 형태의 타인에게 내 삶의 권한을 넘기지 않았다. 마치 자신밖에 모르는 '악녀'처럼 성공이 어느 정도 궤도에 오를 때까지 오로지 나를 위한 삶을 선택하고 통제했다. 내 삶의 운전대는 내가 잡고 나아갔다. 이 책을 읽는 것도 당신의 선택이고, 이 책에서 제시하는 내용을 따르는 것도 당신의 선택이다. 당신은 당신의 미래를 영원히 바꾸어 버릴 만한 선택을 지금 당장 내릴 수 있다. 그 선택이 부와 가난을 결정지을 수도 있다.

당신의 선택은 당신의 미래에 막대한 영향을 끼친다. 우주로 로켓을 발사할 때 0.1도만 각도가 어긋나도 그 결과는 성공과 실패라는 엄청난 차이를 낳는다. 잘못 내린 결정이 현재에는 궤도에서 0.1도 정도 어긋날지 모르지만, 10년 뒤에는 엄청난 결과를 낳을 수 있다. 선택은 이처럼 시간이 지남에 따라 그 차이가 크게 벌어지는 특성이 있다. 이를 '영향 격차Impact Differential'라고 한다. 내가 만약 '가난해서', '공부를 한 번도 해본 적이 없어서'라고 핑계를 대고 공부를 포기했다면 내 인생은 완전히 달라졌을 것이다. 내가 작가나 사업가로서의 삶이 아니라, 대기업에 취직하거나 로스쿨에 입학했다면 내 인생은 지금과는 180도 달라졌을 것이다. 선택이 가진 마력은 이처럼 굉장하다. 우리가 매일 내리는 수백 가지의 작은 선택들이 우리의 삶을 결정한다.

당신의 선택은 미래에 중대한 영향을 미친다. 우리가 젊으면 젊을수록 선택의 마력은 더욱더 커진다. 모두가 똑같이 살아가는 삶이 아니라, 나만의 특별한 삶을 선택했다. 학교를 졸업해서 회사에 취직하는 삶이 아니라, 사업가로서 나만의 특별한 삶의 무대를 만들었다. 없던 길을 창조하고, 성공의 원칙들을 정립하며, 수많은 시행착오를 겪었다.

한 달에 월급 250만 원만 벌어야 한다는 고정관념에 의문이 들었다. 왜 한 달에 1,000만 원, 일 억, 그 이상씩 벌면 안 되는 걸까.

수많은 성공자들의 이야기를 듣고, 책을 읽다 보니 실제 성공한 사람들은 모두 같은 생각을 하고 있었다. 돈을 버는 데에는 한계가 없었다. 우리의 가능성과 잠재력은 무한하다.

'더 나은 선택을 미뤄서는 안 된다.'

'나중에…'라는 단어를 생각하며 오지 않을 미래에 사업가로서의 삶을 선택하지 않았다. '조건이 다 갖춰진 다음에…'를 생각하며 작가로서의 삶을 선택하지 않았다. 가장 젊고 열정적인 나이에 도전할 수 있는 삶을 선택했다. 실패해도 다시 일어날 수 있다고 믿었다. 과감히 선택하고, 지체 없이 실행에 옮겼다.

시간이 흐를수록 새로운 선택을 하는 것이 어려워진다. 과거의 선택으로 인한 영향으로부터 벗어나는 것도 힘들다. 인생은 하나의 나무와 같다. 나무가 심어진 땅은 선택할 수 없지만, 그 땅에서 얼마나 많은 뿌리를 내리고 영양분을 흡수할지는 오로지 나만의 선택이다. 한번 뻗어난 뿌리와 가지는 자라나는 방향을 바꿀 힘이 없다. 나무가 이미 세월과 경험, 반복적인 습관으로 두꺼워져 버렸기 때문이다. 중국 알리바바의 창업자인 마윈은 이렇게 말했다.

"만일 한 젊은이가 오늘 당신에게 무엇을 하고 싶다고 말하고, 3년 후에도 여전히 그것을 하고 싶다고 버틴다면 당신은 그 젊은이에게 기회를 줘야 한다."

이처럼 우리가 하기로 선택하고 결정하면 할 수 있는 길이 열린다. 그러니 두려워하지 말고 '지금' 더 나은 삶을 살아가기 위한 선택을 해야 한다. 지금 이 순간만이 우리 자신의 존재를 확신할 수 있는 유일한 순간이다. '나중에…'라는 말은 언제나 우리의 발목을 붙잡는다. 수많은 사람들이 '나중에…'를 외치다 자신의 꿈을 잃어버린다.

당신이 생각하는 나중은 절대 오지 않는다. 그렇기에 세상에서 가장 먼 단어는 '나중에'라는 단어다. 꿈을 이룰 기회와 나를 떨어뜨리는 가장 부정적인 말이기도 하다. 지금, 가슴이 뛴다면 바로 행동할 수 있다. 하나의 선택은 당신의 인생을 송두리째 바꿔놓을 수 있음을 기억하라.

'친구와 어울리며 옆구리가 찌릿하도록 웃은 적이 언제쯤인가? 만약 내일 당신의 인생이 끝난다면, 당신은 무엇을 후회하겠는가? 오늘이 당신 인생의 마지막 날이라고 해도 지금과 똑같은 하루를 보내겠는가?' 이러한 질문이 가진 힘은 위대하다. 내 삶을 다시 한 번 되돌아볼 수 있는 기회를 준다.

이 세상에서 가장 부유한 곳은 바로 '무덤'이다. 무덤 속에는 아직 실행되지 않은 수많은 아이디어와 꿈, 이상들이 묻혀있다. 수많은 사람들이 아이디어만 가지고 삶을 살아간다. '저거, 내가 생각했던 건데'라는 말은 아무런 의미가 없다. 당신이 생각하는 수많은 아이디어들은 다른 사람들도 생각한다. 핵심은 누가 실행하느냐이다. 실행하는 자가 모든 것을 소유한다.

죽음의 순간에 다가가 본 경험이 있는 사람은 잘 알 것이다. 아버지가 신장 이식 수술을 하며 죽음의 순간에 다가가는 것을 경험했다. 삶의 마지막 순간에 내가 얼마나 많은 돈을 가졌는지, 내가 타는 차가 무엇인지, 내가 얼마나 좋은 집에 살고 있는지는 중요하지 않다. 대신 "만약 내가 그렇게 했더라면…"과 같은 질문이 당신의 머릿속에 떠오를 것이다. 예를 들어 "한 번뿐인 삶인데 내가 좋아하는 일을 하며 살았다면 행복하지 않았을까?"와 같은 질문 말이다.

세상을 지배하는 원리는 이것이다. 실행하는 자가 모든 것을 소유한다. 사람들이 생각을 실천에 옮기지 못하는 이유는 셀 수 없이 많다. 하지만 중요한 것은 그런데도 그것을 해냈다는 사실이다.

　머리가 좋지 않았기에 공부를 포기할 수도 있었다. 가난했기에 성공을 꿈꾸지 않을 수도 있었다. 돈이 부족했기에 바로 취업할 수도 있었다. 하지만 그런데도 나만의 특별한 삶을 선택했다. 도전하지 않는 나 자신을 끊임없이 채찍질해서 나아갔다. 나에게는 성공에 대한 절실함이 있었기 때문이다.

　중국 최대 전자상거래 기업인 알리바바를 설립한 마윈은 초등학교 시험에 두 번 낙제하고, 중학교 시험에 세 번 낙방하였으며, 대학도 삼수해서 들어갔다. 하버드 대학교에 열 번 지원했다가 열 번 다 거절당했다. 대학 졸업 후 서른 개가 넘는 일자리에 지원했고 모두 떨어졌다. 경찰관 지원에서도 떨어졌다.

　그는 유명 치킨 프랜차이즈 판매점 직원 채용에서도 떨어졌다. 지원자 24명 중 23명이 고용되고 1명이 떨어졌는데 그게 바로 마윈이었다. '작고 볼품없는 외모 탓에 떨어진 것 같다'고 할 만큼 외모 또한 못생겼었다. 부자 아버지도 없었고, 권력 있는 친척을 둔 것도 아니었다. 그는 자신을 '쥐뿔도 가진 게 없는 사람'이라고 했다.

그는 사업적인 운도 없었다. 1999년, 알리바바 설립 후 3년간 수입조차 없었다. 인터넷 전자상거래 회사를 차리자마자 2000년대 들어서면서 열풍이었던 닷컴 버블이 꺼졌다. 펀딩도 실패했다. 그에게는 지옥이었다. 나였다면 가정환경을 원망하고 사회를 부정하고 정부를 증오하며 쓰디쓴 고량주로 신세 한탄했을 것이다. 그럼에도 그는 위기를 기회로 삼아 중국 최대 전자상거래 기업 알리바바를 설립하고, 중국에서 가장 영향력 있는 기업인으로 활동하고 있다. 마윈은 알리바바를 세운 뒤 직원들과 만나는 자리에서 다음과 같이 이야기했다.

"세상에서 같이 일하기 가장 힘든 사람들은 가난한 사람들이다. 작은 비즈니스라고 하면 돈을 별로 못 번다고 이야기하고, 큰 비즈니스라고 하면 돈이 없다고 한다. 새로운 걸 시도해 보자고 하면 경험이 없다고 하고, 전통적인 비즈니스라고 하면 어렵다고 한다.

상점을 같이 운영하자고 하면 자유가 없다고 한다. 자유를 주면 함정이라고 하고, 신사업을 시작하자고 하면 전문가가 없다고 한다. 그들에게는 공통점이 있다. 희망이 없는

친구들에게 의견 듣는 것을 좋아하고, 자신들은 대학교 교
수보다 더 많은 생각을 하지만 장님보다 더 적은 일을 한
다. 그들에게 물어보라. 무엇을 할 수 있는지. 그들은 대답
할 수 없다.

내 결론은 이렇다. 당신의 심장이 빨리 뛰는 대신 행동을
더 빨리하고, 그것에 대해서 생각해 보는 대신 무언가를
그냥 하라. 그들의 인생은 기다리다가 끝이 난다. 그렇다
면 현재 자신에게 물어봐라. 당신은 가난한 사람인가?"

마윈의 이야기는 실행의 중요성을 다시 한번 일깨워 준다. 실행
은 아이디어라는 씨앗을 향기 나는 장미로 만드는 과정이다. 씨앗
은 어디에나 있다. 하지만 그것을 꽃으로 틔우는 사람은 많지 않
다. 그것은 과정이 필요하기 때문이다. 과정에는 희생, 절제, 인내
와 같은 노력이 필요하다. 그래서 실행은 성공자와 성공하지 못한
사람들을 분리하는 훌륭한 도구가 된다.

'지금 당장 더 나은 선택을 하는 것이 중요한 걸 알면서도 왜 실
행하지 못할까?'

이렇게 선택이 중요한 것을 알면서도 사람들이 실행하지 못하

는 가장 중요한 이유는 실패에 대한 두려움 때문이다.

처음 사업에 도전할 때 실패해서 잃는 것에 대해 생각해 보았다. 그런데 잃는 것이 아무것도 없었다(적어도 당시 20대 초반의 나는 그랬다. 그러나 나이가 들수록 잃을 것이 늘어나고, 과감한 선택은 더욱 어려워진다. 그러니 어릴수록 더욱 과감한 선택을 내릴 수 있는 기회가 있다). 만약 잃는 것이 있다고 해도 그것은 내가 얻을 경험에 비하면 작은 휴지 조각과도 같았다. 설령 늦은 밤 편의점에서 아르바이트하고, 비오는 날 자전거를 타고 배달하러 다닌다고 한들 내 꿈을 이루는 과정 중에 그것이 그리 중요한 것인가?

현재 나는 지식과 경험을 토대로 책을 쓰고, 강의한다. 내가 겪은 경험은 돈으로 환산할 수 없을 정도로 소중하다. 실패했기에 같은 실패를 겪은 사람들을 도와줄 수 있다. 실패를 극복하고 성공했기에 그들이 성공할 수 있도록 도울 수 있다. 실패는 성공의 그림자다. 실패가 있기에 성공이 빛이 난다.

이처럼 실패가 성공의 발판이라고 여긴다. 실패는 내 삶에 엄청난 도움을 주었다. 원하는 대학에 떨어져서 재수하며 다시 한번 수능 공부를 했다. 당시 내 친구들 보다 인생이 1년 뒤처졌다고 생각했기에 더 치열하게 공부했다. 전국에서 오늘 하루 '나보다 열심히 한 사람은 없을 것'이라는 생각이 들 때까지 공부했다. 부모님이 보내주시는 돈이 얼마나 피땀 흘려 버신 돈인지 알기에 더욱 이를 악물고 공부했다. 하루 7시간 수면, 14시간 공부를 철저하게 10개월간 지켜나갔다. 단 하루도 일탈하지 않았다.

노트에 목표한 대학교 사진을 붙여두고 매일 공부하기 전에 강력하게 상상했다. 그 상상은 현실이 되었다. 그해 원하는 대학교에 합격했다. 중간에 포기했더라면 이루지 못할 결과였다. 재수하던 6월, 부모님이 이혼까지 갈 뻔했던 싸움이 있었고, 집에 돈이 없어서 빚을 내서 공부한다는 사실을 알았다. 그런데도 포기하지 않았다. 어머니께서 백화점에서 사람들에게 수많은 갑질 횡포를 당하면서도 꿋꿋이 버텨가며 벌어다 주신 돈이었다. 그러니 절대 포기할 수 없었다.

과정에 온 힘을 다하면 어떠한 결과도 받아들일 수 있다고 여긴다. 과정에 후회가 생기면 결과가 좋지 않았을 때 후회한다. '그때 조금만 할걸'이라는 말은 아무런 의미가 없다. 그때 할 일은 그때 해야 했다. 매 순간 자기 삶에 온 힘을 다해야 하는 이유다. 대다수의 사람들은 성공하길 바라면서도 그 과정은 피하려고 한다. 이는 인간의 본성이다. 하지만 아인슈타인의 말을 빌리자면 '같은 일을 반복하면서 결과가 달라지기를 바라는 것은 무척이나 미친 짓'이다.

이 책은 성공에 이르는 보물 지도와 같다. 이 책의 가치와 관계없이 대부분의 사람들은 주어진 정보를 가지고 아무것도 하지 않을 것이다. 흥미롭게 보물 지도를 빤히 들여다보긴 하겠지만, 그 보물을 찾으러 가는 사람은 많지 않다. 보물 지도를 소유만 하는 것과 집을 나와서 보물을 찾으러 가는 것은 전혀 다르다. 한 가지 확실한 사실은 집 안에만 머물러 있으면 절대 보물을 찾을 수 없다는 것이다.

보물을 찾으러 떠나기 위해 당신에게 필요한 것은 오직 '실행력' 뿐이다. 당신이 지금까지 어떤 삶을 살아왔는지는 중요하지 않다. 학창 시절에 공부를 못했던 학생이었던지, 현재 아르바이트를 하면서 간신히 생활을 유지하는 사람이던지 그런 것은 중요하지 않다. 당신의 존재를 과거에 의존하여 정의한다면, 당신은 미래에 되고자 하는 바로 그 사람이 될 수 없다.

어린 시절 가난했고 공부를 잘하지 못했다는 사실이 지금의 나 자신을 정의하지 않는다. 이 책을 읽기 전에 당신이 어떤 사람이었는가는 중요하지 않다. 이 책을 덮고 난 뒤에 당신이 어떤 선택을 하고, 어떤 행동을 하는가가 중요하다. 당신이 변화할 수 있는 인자를 가진 잠재적 성공자이기를 바란다.

심리적 오류 깨부수기

스트레스 없는 성장이 가능할까? 이는 불가능하다고 생각한다. 많은 사람들이 일을 즐기면서도 빠르게 성장하기를 원하지만, 대부분의 경우 '쾌락'과 '성장'은 양립하기 어렵다. 이는 예쁘면서도 못생긴 여자와 같다. 모순이다. 근육에 더 큰 무게를 가해서 스트레스를 줘야 성장하는 것처럼, 인간의 능력 또한 일정량의 스트레스를 가해야 성장한다.

팀 페리스Tim Ferriss는《나는 4시간만 일한다》에서 '긍정적 스트레스'라는 개념을 제시했다. 이는 자기 능력을 한 단계 더 높게 성장시키는 과정에서 발생하는 스트레스다. 그는 긍정적 스트레스를 더 많이 만들어서 우리 인생에 적용할수록 더 빨리 원하는 목표를 이룰 수 있다고 이야기한다.

직장인이라면 일주일에 3번 이상 운동을 하고, 매일 30분이라도 책을 읽으며, 부동산, 주식 또는 자기 계발을 좋아하는 커뮤니티에 나가서 자신보다 성공한 사람들을 만나야 한다(긍정적 스트레스를 통한 성장). 당장 퇴근해서 소파에 누워 TV를 보고, 튀어나온 배를 긁으면서(쾌락) 오늘 하루도 잘 살았다고 자위하지 않아야 한다.

안 좋은 환경에 있으면 세상이 온통 부정적으로 보이고 아무것도 하기 싫어진다. 그냥 누워만 있고 싶다(쾌락). 당연하다. 하지만 그렇게 세상을 욕하고 불만만 토로하다가 죽을 것인가. 아니면 내 상황에서 새로운 미래와 꿈을 그리며 초지능의 상태(긍정적 스트레스를 통한 성장)로 진입할 것인가. 마음의 문을 열고, 독서와 글쓰기, 운동을 통해 뇌를 최적화시키고자 노력하는 사람만이 현재의 불안한 현실을 벗어날 수 있다.

'올바른 선택의 중요성'

우리의 삶은 결국 우리가 내린 선택의 결과물이다. 올바른 선택과 판단을 하게 되면 삶은 더 발전하고 나아지며, 잘못된 선택과 판단을 반복하면 삶은 더 나락으로 떨어진다. 그러므로 잘못된 결정을 최대한 피하고, 올바른 선택과 판단을 반복하는 것이 중요하다.

올바른 선택과 판단을 하기 위해서는 인간이 잘못된 결정을 내리게 만드는 심리적 요인을 알아야 한다. 심리학에서는 이를 '인지적 편향'이라고 부른다. 이러한 인지적 편향은 인류의 오랜 진화의 역사와 관련이 있다. 사냥꾼과 채집가들이 살던 원시시대에는 번개처럼 빠른 반응이 생존하는 데 중요했으며, 오히려 생각하는 것은 치명적이 될 수 있었다. 그러나 오늘날에도 인간의 그런 습성은 여전히 우리를 지배하고 있다. 다음은 실제 내 지인의 이야기다.

A라는 사람은 《월급쟁이 부자로 은퇴하기》를 읽은 것을 계기로 부동산에 관한 책을 20권 이상 읽고, 근검절약하며 3,000만 원을 모았다. 그리고 부동산에 관심 있는 사람들과 함께 주말마다 쉬지 않고 1년간 전국으로 임장을 다니다가 급매물로 나온 수도권의 아파트에 3,000만 원으로 갭투자를 했다.

B라는 사람은 정말 열심히 일을 하고 착실하게 저축해서 5,000만 원을 모았다. 그런데 한 친구와 저녁에 술을 한잔하다가 '너한테만 알려주는 건데, C라는 회사가 이제 곧 신약 개발에 성공해서 대박

을 낼 예정이야. 미리 주식을 사놓으면 최소 15배 이상 오를 거야'라는 말을 듣고, 착실하게 모아놓은 전 재산 5,000만 원을 잘 알지도 못하는 주식에 투자했다.

결과는 어땠을까? A는 지속해서 아파트를 매수해서 3년 만에 10억 자산가가 되었고, B는 주식이 폭락했을 때 눈물의 손절매를 해서 1,200만 원을 겨우 건졌다.

인간이 이렇게 잘못된 선택을 하는 이유는 수많은 인지적 편향을 가지고 있기 때문이다. 행동경제학자들이 제시하는 수많은 인간의 인지적 편향 중에서 대표적인 오류 5가지를 제시하겠다. 이를 알고 나면 내 인지적 편향을 객관적으로 인식하고 더 나은 결정을 내릴 수 있게 된다. 더 똑똑하고 올바른 결정이 쌓이면 결국 자신의 삶도 변하게 된다. 각각의 인지적 편향에 대한 설명에는 강준만 교수의《감정 독재》에 나오는 사례들을 인용했다.

첫 번째 예다. 인지적 편향 중 가장 대표적인 것이 손실 회피 편향이다. 사람은 이득보다는 '손실'에 더 민감하도록 진화했다. 예컨대, 1만 원을 잃어버렸을 때 느끼는 상실감은 1만 원을 얻었을 때 느끼는 행복감보다 크다는 것이다. 정서적으로 2배의 차이가 난다는 실험 결과도 나와 있다.

동전을 던져서 앞면이 나오면 100달러를 벌고, 뒷면이 나오면 50달러를 잃는 게임이 있다고 가정해 보자. 대부분의 사람은 이런 게임을 하지 않으려고 한다. 100달러의 이익보다 50달러의 손실을 크게 느끼기 때문이다. 경제학자들은 기대이익이 더 크다는 이유로 이 게임을 해야 한다고 주장하지만, 사람들은 손실을 회피하고 싶은 심리 탓에 게임 자체를 하지 않는 선택을 한다.

- 매년 유방암 검사를 하면 암을 조기에 발견해 제거할 수 있다.
- 매년 유방암 검사를 하지 않으면 발병 우려가 있는 암을 조기에 발견해서 제거하지 못하는 위험을 감수하게 된다.

2가지 문장은 사실상 같은 말이다. 하지만 사람들은 두 번째 문장에 훨씬 더 민감하게 반응한다. 손실 회피 편향은 주식 투자에서 자주 나타난다. 우리 주변에는 '절대 손해를 보지 않겠다'라며 버티다가 더 큰 손해를 입은 사람들을 쉽게 만날 수 있다. 예컨대, 5,000만 원을 주고 사들인 주식이 계속 하락세일 때 휴지 조각이 될 위험을 피하려면 당연히 주식 가치가 반 토막이 난 시점에서도

251

손절매(損切賣, 앞으로 주가가 더욱 하락할 것으로 예상해 가지고 있는 주식을 매입 가격 이하로 손해를 감수하고 파는 일)해야 한다. 하지만 투자자는 주식을 구매할 당시의 가격 5,000만 원과 현재 가격 2,500만 원의 차이에 따른 손실(2,500만 원)을 좀처럼 인정하지 않다가 더 큰 손해를 입는 일이 비일비재하다.

제품 구입 후 결제를 위해 내 수중의 지갑 속 현금보다는 신용카드로 결제하기를 좋아하며, 그것도 일시불보다는 결제 기간이 더 길수록 쉽게 신용카드를 사용하게 되는 것도 손실 회피 편향 때문이다. 지금 내 수중에 있는 현금을 지불한다면 바로 손실감으로 이어지겠지만, 신용카드는 지금 당장이 아닌 몇 개월 후 거래명세서가 날아온 시점에서야 손실감으로 느낀다. 따라서 당장의 심리적 손실 회피를 위해 신용카드를 사용하게 된다.

미끼 상품 마케팅도 소비자들의 손실 회피 편향을 이용한 것이다. 어느 대형마트에서 비교적 가격이 낮은 상품 1~2가지를 원가 이하로 판매한다. 2,200원에 들여와 3,000원을 받아야 할 것을 대형마트가 200원을 손해 보면서 2,000원에 파는 것이다. 대형마트는 이걸 광고해 손님을 끈다. 그 상품을 사러 간 손님이 그것 하나만 달랑 사 들고 가지는 않을 것이다. 시간 손실을 의식해 온 김에

마트 구경이나 하자고 하다가 몇만 원어치 쇼핑할 가능성이 매우 높다. 대형마트는 바로 이걸 노리는 것이다.

더 쉬운 예를 들어보겠다. 내가 다이어트를 결심한 사람에게 한 달 내로 10kg 감량에 성공하면 1,000만 원을 주겠다고 약속한다. 그러면 일주일 동안에는 식단도 조절하고, 운동도 하면서 엄청나게 노력하는 모습을 보인다. 그러나 일주일만 지나면 재밌게도 모든 의지가 사라지고 야식으로 치킨과 맥주를 먹게 된다. 대부분은 이렇게 다이어트에 실패한다. 사람은 한 달 뒤에나 얻게 될 1,000만 원의 돈보다 바로 눈앞에 있는 치킨 한 입과 시원한 맥주 한 잔의 행복을 더 크게 느낀다.

그러나 방법을 바꿔서 한 달 내로 10kg 감량에 성공하면 1,000만 원을 주겠다고 약속하고, 대신 10kg 감량에 실패할 경우 500만 원을 내놓아야 한다는 조건으로 계약을 맺으면, 대부분의 사람은 다이어트에 성공한다. 손실에 관해서라면 당장 눈앞에 있는 치킨 한 입을 먹는 행복보다 500만 원을 잃어버리는 손해를 더 크게 느낀다. 이처럼 사람들은 항상 이득보다 손실을 더 크게 느끼는 손실 회피 편향을 가지고 있다.

두 번째로 대표적인 인지적 편향은 추상성 회피 편향이다. 사람은 추상적인 대상보다는 구체적인 대상을 선호하는 경향이 있다.

– 팔 근육을 키우는 팔운동 방법
– 조회 수 800만 뷰의 미친 팔운동 방법!

인스타그램 릴스 섬네일 2개가 있다고 가정해 보자. 어떤 걸 선택하겠는가? 당연히 후자가 압도적이다. 사람들은 더 안 좋은 선택일지라도 구체적인 것을 선호하고 이를 선택하는 경향이 있다. 특히 숫자를 활용한 구체화는 엄청난 힘을 갖는다. 이를 인스타그램과 유튜브 마케팅에 적용하면서 조회수와 반응률에서 큰 변화를 경험할 수 있었다.

세 번째로 대표적인 인지적 편향은 소유 효과이다. '100퍼센트 환불 보장' 마케팅을 구사하는 기업이 많다. 이런저런 조건을 붙여 '100퍼센트 환불 보장'을 외치는 게 아니라 소비자가 구입을 한 후 마음에 안 들면 아무 조건 없이 환불해 주겠다는 '무조건 100퍼센트 환불 보장'이다.

기업들은 도대체 무얼 믿고 그러는 걸까? 상품을 구입한 후 좀 사용하다가 되돌려 보내는 소비자들이 있을 텐데 말이다. 맞다. 그런 소비자들이 있다. 그러나 그들은 극소수다. 실제 반품률은 1~2퍼센트 수준에 불과하다. 놀랍게도 대다수 소비자는 일단 자기 것이 된 물건을 다시 내놓으려 하지 않는다.

집값이 잘 내려가지 않는 것도 소유효과로 설명할 수 있다. 어느 부부가 피땀 흘려 번 돈으로 자신들의 집을 마련하면, 설령 3억 원을 주고 샀더라도 이들은 내심 자기 집의 가치를 5~6억 원이라고 생각하기 마련이다. 이런 소유효과 때문에 심리적 손실감을 피하기 위해 낮은 가격에 집을 파는 걸 싫어한다. 반면 집을 새로 구입하려는 사람에게는 이런 소유효과가 없어서 가격 형성이 어려워져 거래가 이루어지지 않는 현상이 생긴다.

네 번째로 중요한 심리적 오류는 확증 편향이다. 사람들은 한 번 받아들인 믿음에 반하는 확실한 증거가 나타나면 그 증거를 거부하려고 한다.

1954년, 미국에서 종말론을 믿는 어느 종교단체의 신도들은 교주의 예언에 따라 직장과 가족을 떠나 한자리에 모여 곧 다가올 지구의 종말에서 그들만을 구원해 줄 메시아의 출현을 기다리고 있었다. 물론 교주가 예언한 시간이 되어도 지구는 멸망하지 않았고 메시아도 나타나지 않았다. 이후 어떤 일이 벌어졌을까?

신도들이 몰려 있는 장소에 수많은 구경꾼이 몰려들어 조롱 섞인 질문을 던지자 일부 신도들은 자신의 어리석음을 깨닫고 그곳을 떠났다. 그러나 교주의 곁을 떠나지 않은 신도들의 말세론에 대한 믿음은 더욱 강해졌다고 한다. 교주의 예언이 들어맞지 않은 것은 그들의 신앙을 메시아가 시험하는 것이라고 굳게 믿었던 탓이다.

흡연하는 이들에게 "흡연은 건강에 좋지 않으니 금연하세요"라고 말하면 어떤 식으로든 흡연을 정당화하려고 할 것이다. 그 흡연자는 자신의 인지 부조화를 줄이기 위해 이런 주장을 펼칠 수 있다. 첫째, 매우 즐기므로 그만한 가치가 있다. 둘째, 유전자가 좋아 나는 괜찮을 것이다. 셋째, 인생을 살면서 모든 위험을 다 피해 가면서 살 수는 없는 법이다. 넷째, 금연하면 체중이 늘거나 스트레스가 심해져 건강에 오히려 좋지 않을 것이다.

자신이 지지하는 정치인에 대해서 반대하는 사람을 만나면 큰소리로 목에 핏대를 세워가며 반박하고 싸우는 것도 인지 부조화를 줄이기 위해 나온 행동이다.

마지막 다섯 번째로 중요한 인지적 편향은 감정 휴리스틱Affect Heuristic이다. '휴리스틱Heuristic'이란 무엇인가? 이는 '발견하다To Find'는 뜻을 가진 그리스어 Heutiskein에서 나온 말로, 중요한 결정을 직관적 판단이나 순간의 감정에 따라 내리는 것을 의미한다. 이성에 근거한 판단이 아니라 순간의 충동적 감정에 따른 불완전하고 비합리적인 판단을 가리켜 휴리스틱이라고 한다. 이러한 휴리스틱은 인간이 스스로 생각하는 것보다 훨씬 비합리적인 존재임을 증명해 주는 근거다.

미국의 한 대형 금융회사의 최고투자책임자CIO는 어느 날 수천만 달러를 들여 포드자동차 주식을 사들였다. 이유는 단 하나, 당시 모터쇼를 갔다가 그곳에서 강한 인상을 받았기 때문이었다. 포드자동차 주식에 대한 분석이나 평가는 없었다. 그는 단지 자동차를 좋아했고, 포드를 좋아했으며, 포드자동차의 주식을 보유한다는 생각을 좋아했기에, 자신의 직관에 따라 그런 결정을 내린 것이다.

일반 투자자도 아닌 대형 금융회사의 최고투자책임자가 순간적인 감정과 충동에 따라 거대한 투자 결정을 내린 것이다. 대니얼 카너먼은 《생각에 관한 생각》에서 이를 감정 휴리스틱의 대표적인 사례로 소개했다.

　지금까지 총 5개의 인지적 편향의 사례들을 살펴봤다. 이 사례들을 최소 3번 이상 반복해서 읽어보면서 평소에 잘못된 선택을 하는 경우가 없었는지 성찰해 보기 바란다. 그 과정에서 확실히 더 나은 선택을 발견하게 될 것이고, 그에 따라 올바른 선택을 할 수 있는 확률이 올라간다. 이것이 당신의 삶을 새로운 수준으로 바꿔놓을 것이다. 이번 장을 통해 인간의 인지적 편향과 심리적 오류에 관심이 생겼다면, 이와 관련된 책을 추가로 더 읽어보기 바란다(부록을 통해 관련된 책을 추천해 놓았다).

기억해야 할 심리 코드
1퍼센트, 99퍼센트

"늘 갈망하며, 우직하게 나아가라(Stay Hungry, Stay Foolish)"
- 스티브 잡스

나는 사람을 끌어당기는 거대한 자석과 같다. 인적 네트워크는 자석 주위로 형성된 거대한 자기장이다. 내가 어떤 '생각'과 '가치관'을 가졌는가에 따라 끌어당겨지는 사람들이 결정된다. 그러므로 실행에 강력한 힘을 더해주는 공동체를 형성하는 '생각'의 비밀을 파헤칠 것이다. 이것이 곧 성공을 위한 강력한 인적 네트워크를 만드는 바탕이 되기 때문이다. 당신이 만들어낸 인적 네트워크는 당신을 성공의 길로 이끌 수도 있고, 실패의 길로 이끌 수도 있다.

이 이야기를 진행하기에 앞서 우리는 한 가지 사실을 이해해야 한다. 바로 '우리는 생각하는 모든 것을 끌어당긴다'는 사실이다.

만약 당신이 여자를 좋아하는 사람이라면, 당신 주위에는 여자 얘기를 좋아하는 사람들로 가득 차 있을 것이다. 무의식적으로 그런 얘기를 하는 사람들에게 더 끌린다. 돈을 좋아하는 사람이라면, 주위에 '돈'과 '성공'에 대해 이야기하는 이들로 가득 차 있을 것이다. 만약 혼자 있기를 좋아하는 사람이라면, 주위에 어떤 친구도 함께하지 않을 것이다.

이는 굉장히 중요한 사실이다. '좋아한다'는 것은 그것을 '지속해서 생각한다'는 뜻이다. 당신은 당신이 좋아하는 것들을 계속해서 삶에 끌어당기고 있다. 의식적으로 만나는 사람의 80퍼센트 이상이 삶에 대해 불평하고 불만을 가지며 남을 비난하기를 좋아한다면, 당신도 불평, 불만을 습관처럼 하는 사람일 확률이 높다. 자기 일을 싫어하는 사람들과 함께 지낸다면, 당신 역시 자기 일을 싫어하는 사람일 가능성이 높다. 반대로, 도전하기를 좋아하고 열정적인 사람이라면 주변 사람들 대부분이 새로운 일에 도전하고 있을 가능성이 높다. 계속해서 나와 비슷한 것들을 끌어당기기 때문이다.

성공한 사람들은 도전하기를 좋아한다. 매사에 열정이 넘친다. 이는 자신이 만들어 놓은 플랫폼을 통해서 매일 새로운 사람들에게 알려진다. 책과 언론을 통해 알려지는 경우도 많고, 만나는 사람들의 입을 통해 다른 사람들에게 전달되기도 한다. 이는 비슷한 사람들을 끌어당긴다. 내 책을 읽고 감명을 받아서 연락한 사람들은 대부분 탐구 의식이 강하고, 열정이 넘친다. 누군가에게 연락하는 것을 주저하지 않는 용기도 가지고 있다. SNS를 통해 연락해오는 사람들도 마찬가지다.

가끔은 긍정적인 사람 곁에 부정적인 사람들이 함께하기도 한다. 긍정적인 사람으로 변화하고 싶어서 곁에 남아있는 것이라면 상관없지만, 긍정을 죽이는 부정이라면 냉철하게 이런 사람들에게 등을 돌리는 것이 좋다. 마음속에는 부정을 먹고 사는 검은 늑대와 긍정을 먹고 사는 흰 양이 있다. 부정적인 생각은 단 1퍼센트만으로도 99퍼센트의 흰 양을 죽일 수 있기 때문이다. 흰 바탕의 물감 위에 검은 물감이 약간만 더해져도 전체가 검은색으로 변하는 것과 같은 원리이다. 그렇기에 단 1퍼센트의 부정도 내 곁에 남아있게 해서는 안 된다.

우리에게 부정적인 말을 하는 사람들을 피할 수는 없다. 더 많은 사람들에게 영향력을 넓혀나갈수록 이는 더욱 진실이 된다. 그들은 스스로 충분하다고 생각하지 않기에 다른 사람들을 더욱 강하게 부정하고, 자신의 부족한 점을 감춘다. 그러므로 이런 이들에게 주의를 기울이는 것은 시간 낭비에 가깝다. 다른 사람의 비난과 부정적인 언사에 작아져서는 안 된다. 당신은 세상에 더 큰 영향력을 전하고 더 활짝 피어나도록 만들어졌기 때문이다. 당신은 더 비범하고 탁월하게 세상에 이름을 알리기 위해 모든 순간을 사용하도록 창조된 존재다.

사람들은 저마다 새로운 세계를 생각하고, 창조하는 힘을 가지고 있다. 이를 이루기 위해서는 이 책의 단계에 따라 지속적인 성장을 이루고, 초지능에 진입해야 한다. 책을 읽는 것부터 시작해서 책을 쓰고, 내 생각을 말로 전달하며, 나만의 온라인 플랫폼을 가져야 한다. 이는 모두 새로운 도전을 의미한다. 대부분, 다시 말해 99퍼센트의 사람들은 변화를 두려워한다. 새로운 도전을 하는 것을 겁내고, 쉽게 첫 발을 떼지 못한다. 그래서 변화하려는 인자 因子를 가진 1퍼센트의 사람이 도전할 때, 그 도전에 대해 불가능하다고 못을 박는다. 이때 그의 꿈을 이루는 데 힘이 되는 것은 99퍼센트의 사람이 아니다. 같은 꿈을 꾸는 1퍼센트의 사람이다.

어렸을 때는 유치원에 가서 아이들에게 노래를 틀어놓고 "춤을 출주 아는 사람이 몇 명이에요?"라고 물어보면 모두가 신나서 다

같이 손을 든다. 몇 년 지난 뒤에 똑같은 아이들을 놓고 같은 질문을 해보면 단 몇 명만이 손을 들 것이다. 아이들이 어렸을 때에는 춤을 못 춘다고 구박하거나 '너는 절대 댄서가 될 수 없어'와 같은 부정적인 말을 하는 사람들이 없다. 하지만 아이들이 점차 커나가면서 수많은 이들이 '너는 춤이 그게 뭐냐'와 같은 말을 들으며 수많은 역풍을 맞게 된다. 사람들이 아이들이 가진 꿈의 날개를 꺾어버리는 것이다.

새로운 도전을 하기 위해서는 당신의 꿈에 역풍으로 작용하는 사람들로부터 멀어져야 한다. '올해 책을 쓰겠어!'라는 목표를 세워두고, 매일 '너 따위가 무슨 책이냐', '헛된 꿈 꾸지 말고 일이나 열심히 해라'라는 말을 하는 이들과 어울린다면, 당신은 절대 목표를 이룰 수 없다. 단 1명의 사람이라도 '너는 할 수 있어'라고 응원해 준다면, 그 사람과 함께 뛸 때 당신의 꿈과 목표는 현실이 된다.

사람들은 대부분 비슷한 사람들끼리 만나고 친해진다. '비슷한 사람들이 서로 어울린다'는 의미의 사자성어인 유유상종類類相從은 이미 역사적으로 증명된 선인들의 지혜를 담고 있다. 당신 주변에 있는 가장 친한 5명의 평균 수입이 당신의 수입과 같을 가능성이 높다. 같은 논리로, 꿈을 찾아 도전하는 사람들은 현실에 안주하

고 있는 이들과 함께 어울리기 힘들다. 매 순간 열정을 다해서 도
전하는 사람들과 현실에 안주하며 살아가고 있는 이들은 관심사
부터 다르다.

만나면 매일 사회를 비판하고, 일터를 불평하며, 사람에 불만을
갖는 사람들과 어울리게 되면 끌어당김의 법칙에 따라 내 삶에는
부정적인 에너지가 들어오게 된다. 부정은 부정을 끌어당기고, 긍
정은 긍정을 끌어당긴다. 부정이 들어오기 시작하면, 마음속에 사
는 부정의 검은 늑대들은 긍정의 흰 늑대들을 모조리 잡아먹는다.
단 1퍼센트라도 부정적인 마음이 들지 않도록 하기 위해서는 긍정
적인 생각을 하며 살아가는 사람들과 함께 어울려야 한다.

나는 친구들과 술자리를 즐기지 않는다. 정확히 말하면, 자기
삶에 대해 불평하고 회사에 대해 불만을 토로하며 만나는 사람에
대해 인신 모욕에 가까운 얘기들을 토로하는 모임에는 나가지 않
는다. 이런 얘기들은 내 삶을 부정으로 물들인다. 삶의 소중한 시
간을 불만, 불평, 비난을 듣고 말하는 데 사용하고 싶지 않다. 오직
삶에 긍정만을 끌어당기고 싶다.

"성장의 유일한 비밀은 감사하는 마음이다."

삶에 나타나는 모든 것에 감사하는 마음을 갖게 되는 순간부터 내 삶이 변하게 되었고, 세상을 보는 관점이 완전히 달라지는 경험을 했다. 가지지 못한 것 대신에 내가 이미 가지고 있는 것들에 초점을 맞춤으로써 나를 위해 더 좋은 에너지를 만들어낼 수 있다. 이렇듯 삶에 감사하는 것은 일상과 삶을 바꿀 수 있는 가장 쉽고 빠르며 강력한 방법이다.

나와 함께하는 사람들은 모든 일을 감사하게 해석하는데 타고난 재능을 가지고 있다. 아무리 힘든 일이 있어도 '나를 더욱 성장시켜주기 위한 발판을 마련해 주서서 감사하다'고 여긴다. 나를 힘들게 하는 사람이 있다면 '내가 가진 인식의 폭을 넓힐 수 있게 해 주서서 감사하다'고 생각한다. 어떤 도전을 하든지 '할 수 있다'고 응원해 준다. 진정으로 자기 삶에 감사하기 때문이다. 초지능 상태로 성장하기 위해서는 자신의 곁에 1퍼센트의 '감사할 줄 아는 사람'이 필요하다. 당신의 꿈에 역풍으로 작용하는 99퍼센트의 사람들로부터 등을 돌릴 수 있어야 한다. 그래야 성장을 위한 완벽한 환경이 설정된다.

초지능과 매력의 연결고리

"나눔은 우리를 '진정한 부자'로 만들며,
나누는 행위를 통해 자신이 누구이며 또 무엇인지를 발견하게 된다."
- 테레사 수녀

　　누군가에게 따뜻한 감정을 느껴보고, 평생을 함께하고 싶다는
신뢰감을 주는 사람을 만나본 적이 있는가. 이들은 사람을 끌어
당기는 굉장한 매력을 소유하고 있다. 어떤 일을 하더라도 '이 사
람과 함께라면' 행복하겠다는 생각을 들게 하는 사람이 바로 이런
이들이다. 자동차 창고에서 같이 일을 해도, 한 달 동안 라면만 먹
으면서 일을 해도, 돈이 없더라도 이 사람이 주는 인간적인 매력으
로 인해 함께하고 싶다는 생각이 든다.

　　우리가 어렸을 때 엄마에게 느끼는 감정이 이와 비슷하다. 신
에게 느끼는 감정도 이와 다르지 않다. 시대를 뛰어넘어 세계적인
성인으로 추앙받는 사람들에게 느끼는 매력도 이와 같다. 이들의

특징을 연구하면서 3가지 공통된 특징을 찾아냈다. 이는 다음과 같다.

- 감사하기
- 사랑하기
- 행복하기

첫 번째는 '범사에 감사하기'다. 이는 생각보다 상당히 어려운 일이다. 모든 일에 감사하는 마음을 갖는 것은 단순히 기쁠 때만 감사하는 것이 아니라, 어려운 상황 속에서도 감사하는 마음을 갖는 것을 의미한다. 누구나 원하는 대학교에 합격했을 때, 승진했을 때, 큰돈을 벌었을 때 삶에 감사하는 마음을 갖는다. 하지만 다리를 다쳤을 때, 승진에 누락되었을 때, 원하는 대학에 떨어졌을 때, '내 삶만 왜 이렇게 안 풀리지?'라는 생각을 하며, 삶에 불평과 불만을 갖게 된다.

진정으로 감사할 줄 아는 사람은 이런 상황 속에서도 감사할 줄 아는 마음을 가진다. 다리를 다쳐서 오히려 여유롭게 사색하며 생각할 시간을 갖게 되었음에 감사해한다. 승진에 누락되었기에 내가 부족한 부분을 다시 한번 되짚어 보고 발전할 수 있는 기회를 얻거나, 새로운 곳으로 이직할 수 있는 기회가 찾아올 수도 있다. 원하는 대학에 떨어진 것으로 인해 새로운 학교와 학과에서 새로운 꿈을 꿀 기회를 찾을 수도 있다. 똑같이 아픈 상황을 겪어도 누군가는 이겨내고, 누군가는 좌절한다. 위기 속에서 기회를 발견해 내는 사람이 있는가 하면, 포기하는 사람이 있다. 이 차이는 주어진 상황을 해석하는 힘에서 생겨난다. 주어진 삶에 감사하는 훈련을 한 사람들은 포기를 모른다.

주어진 삶에 감사하는 훈련을 하는 가장 좋은 방법은 매일 3가지씩 감사하는 일을 노트에 적는 것이다. '오늘 하루 맑은 공기를 마실 수 있고, 일할 수 있는 일터가 있으며, 내가 도와줄 수 있는 사람들이 있다는 것에 감사합니다. 두 다리로 건강하게 살아갈 수 있음에 감사하고, 아름다운 자연의 변화를 볼 수 있는 눈이 있음에 감사합니다. 매 순간 사람들과 관계의 행복을 가질 수 있음에 감사합니다'와 같은 감사의 일기를 쓰는 것이다.

'오늘 하루 있었던 안 좋은 일을 통해 어떤 긍정적인 변화를 끌어낼 수 있을까?'에 관해 고민하는 내용도 좋다. 예를 들어 오늘 하루 친구와 다퉈서 마음이 좋지 않다면, 오히려 그 친구에게 소홀했던 과거를 되돌아보고 작은 선물과 편지 하나로 예전보다 더 성숙한 관계를 만들어가는 계기로 생각해 보는 것이다. 삶은 관찰하면 감사할 일들로 가득 차 있다. 아직 감사한 일들을 찾아보지 않았을 뿐이다.

두 번째는 '사랑하기'다. 부모님의 사랑은 조건이 없다. 아무리 아빠한테 욕을 하고 집을 나간다고 소리를 질러도, 그릇을 깨고 집안에 있는 물건을 집어던져도 부모님은 당신을 사랑한다. 사람들에게 조건 없는 사랑을 베풀기 위해서는 남에게 무엇을 바라는 마음을 갖지 않아야 한다. '남자 친구니까 당연히 크리스마스에는 이정도 선물을 해줘야지.', '친구인데 이 정도도 못 해줘?'라고 생각하는 순간부터 서로에 대한 사랑이 점점 깨어진다.

부모님은 어린 자녀에게 무엇을 바라지 않는다. 태아와 산모가 위험한 상황에서도 많은 산모들이 아이의 생명을 택한다. 자신의 목숨보다도 더 소중한 사랑을 자녀에게 전하는 것이다. 이러한 사랑에는 조건이 없다. 조건 없이 사랑할 때, 진정한 행복이 찾아온다. 부모님의 품 안에서 편안히 잠든 아이는 세상 누구보다 행복한 감정을 느낀다. 평생을 한센병 환자들을 돌보며, 자기 아들을 죽인 남자를 양자로 삼았던 손양원 목사님 같은 분 또한 조건 없는 사랑을 삶으로 실천하신 것이다.

누군가를 만날 때 무언가를 바라는 내 모습이 느껴진다면, 의식적으로 '내가 그 사람을 위해 무엇을 해줄 수 있을까?'를 생각하는 것이 도움이 된다. 생각만 해도 화가 나는 사람이 있다면, 반복적으로 그 사람을 용서하는 훈련이 필요하다. 이는 모두 나를 위해서다. 화가 나는 사람을 생각하는 것은 독약을 먹는 것과 같다. 마음에 병을 일으키고, 어두운 그림자를 불러온다. 사람은 나눌 때 더 큰 것을 얻는다. 줄 때 비로소 얻을 수 있다.

마지막은 '행복하기'이다. 진정으로 행복하기 위해서는 마음의 욕심을 덜어놓는 연습이 필요하다. 삶에 많은 것을 가득 채워놓은 사람보다 비워둔 사람이 더욱 행복하다. 소유는 집착을 부르고 집착은 욕심을 부른다. 우리는 많은 것을 가질수록 더 많은 것을 갖고 싶어 한다. 쌀 99가마니를 가진 사람은 쌀 100가마니를 채우기 위해 쌀 한 가마니를 가진 사람의 것을 욕심낸다. 자신은 이미 큰 땅을 가지고 있어도, 사돈이 땅을 사면 배가 아프다. 이는 욕심을 내려놓지 못하고 만족하지 못하기 때문이다.

많은 사람들은 욕심을 내려놓는 연습해 본 적이 없다. 행복해지고 싶지만, 어떻게 행복해질 수 있는지 방법을 모른다. 한 번도 이를 연습해 본 적이 없는 탓이다. 그렇기에 이러한 방법을 깨닫고, 욕심을 버리고 주어진 것에 만족하며 행복하게 사는 사람들 곁에는 행복해지고 싶은 많은 사람들이 함께한다. 이들과 함께함으로써 자신도 행복해질 수 있다고 믿기 때문이다. 하지만 이는 착각이다. 진정 행복해지기 위해서는 자기 스스로가 욕심을 내려놓는 연습을 해야 한다. 진정한 행복의 근원에 다가가기 위해 스스로 훈련하고 단련해야 한다.

이 3가지를 삶 속에서 실천하는 사람들은 누구나 사람들을 끌어당기는 강력한 매력을 지니게 된다. 가만히 있어도 향기가 나는 꽃처럼, 그 사람 곁에는 향기를 맡고 찾아오는 사람들로 발길이 끊이지 않는다. 처음부터 이를 실천하는 사람은 없다. 관점을 바꿔서 이를 훈련한다고 생각하고 매일 한 가지씩 실천하는 노력이 결국 습관을 만들고, 당신의 인생을 바꿀 것이다. 지금 읽은 내용을 당장 실천하라. 그 작은 행동이 당신의 인생을 완전히 바꿔놓을 것이다.

죽음에 관한 통찰을 바탕으로
다시 생각해 보는 성공의 의미

사람은 누구나 삶을 살아가면서 세 단계를 거친다. 처음은 '열정기'이다. 처음 사랑하는 사람을 만났을 때, 하루 종일 그 사람 생각으로 가슴이 뛰고 설레는 마음에 휴대폰에서 손을 뗄 수조차 없다. 언제 연락이 올까, 24시간 머릿속이 그 사람을 떠나가지 않는다. 새로운 일을 시작할 때도 마찬가지다. 원하는 직장에 취업했을 때, 앞으로 펼쳐질 모든 일에 열정이 샘솟는다. 새로운 공간, 새로운 사람, 새로운 업무는 나를 들뜨고 흥분되게 만든다.

하지만 어느 정도 시간이 지나고 나면 마음속에 샘솟았던 열정은 온데간데없이 사라지고 권태기가 찾아온다. 예전에는 의미가 있었는데, 이제는 의미가 없다고 느끼는 시점이 오기 마련이다.

내가 사랑했던 사람의 단점들이 보이게 되고, 새로운 사람이 눈에 들어오게 된다. 사랑이 모든 것을 넘어서는 1순위였다면, 이제는 회사 일과 친구들과의 약속이 점점 더 중요하게 느껴진다.

새로 시작했던 회사 일도 마찬가지다. 신선하게만 느껴졌던 공간은 이제 진부한 사무실이 되어버리고, 업무도 나를 지치게 만든다. 새로운 사람들도 매일 이어지는 회식과 술자리로 인해 익숙하고 피곤한 관계로 바뀌고 만다.

이 시기를 어떻게 극복하느냐에 따라 우울기로 빠질 수도, 성숙기로 접어들 수도 있다. 이때 대부분의 사람들이 우울기로 빠지는 이유는 '이러한 권태기가 영원할 것'이라고 생각하는 데 있다. 우울기로 접어들면 삶이 회색빛으로 변한다. 자신의 삶이 막다른 길에 다다랐다고 느껴진다. '이 단조로운 삶은 영원할 거야, 이 삶을 벗어나지 못할 거야.' 이런 생각이 굳어지면 심각한 우울감에 빠지게 된다. 이러한 우울기를 벗어나고 성공적인 성숙기로 이행하기 위해서는 다음을 명심해야 한다.

"이 또한 지나가리라."

솔로몬 왕이 했던 유명한 말이다. 열정기의 즐거운 시간도 지나갔던 것처럼 힘든 시간도 지나간다. 다만 그 시간이 아주 늦게 지나간다고 생각될 뿐이다. 이 시간이 지나면 열정적으로 사랑했던 사람과의 관계가 편안해지고, 안정적인 관계가 된다. 지루했던 일도 능숙해지고, 많은 팀원들을 관리하는 위치로 올라가기도 한다.

사람은 자신이 느끼는 감정과 생각이 긍정으로 바뀌는 순간 성숙기에 접어들 가능성이 높다고 한다. 그래서 항상 좋은 사람들과 시간을 보내는 것, 좋은 책을 가까이하는 것, 좋은 강연을 듣는 것이 우울기에서 성숙기로 이행하는 데 큰 도움을 준다.

누구나 삶에서 겪는 것과 같이 이 책의 내용을 따라 뇌의 최적화를 이루고, 초지능을 발현하는 과정에서 이 세 단계를 반드시 거치게 된다. 처음에는 사람들을 만나고, 뇌를 최적화시키고, 운동하며, 나만의 플랫폼과 브랜드를 만드는 과정이 열정적이고 재미있게 느껴진다. 사람들은 이 열정이 영원할 것이라고 착각한다. 우리가 모두 알고 있는 것처럼 열정은 식기 마련이다. 열정이 높았던 사람들은 권태기를 심하게 앓는다. 모든 것이 희망차고 재미있었는데, 어느 순간 그 의미가 사라진 것처럼 느껴지기 때문이다. 그 차이가 매우 큰 사람들일수록 우울기가 심하게 찾아오는 것이다. 하지만 '이 또한 지나가리라'라는 사실을 명심하고 우울기를 잘 넘겨서 성숙기로 접어든다면, 그때부터는 많은 일들에 자신감이 생긴다. 시련을 견디는 힘이 생겼기 때문이다.

저글링을 하는 사람들이 맨 처음 연습하는 것은 하늘로 공을 던지는 일이 아니다. 공을 바닥에 떨어뜨리는 연습을 한다. 공을 잘 떨어뜨려 본 사람만이 자신감 있게 공을 던지고, 공을 높게 던질 수 있게 된다. 한 번 공을 떨어뜨려 본 사람은 어떻게 하면 공을 떨어뜨리지 않을 수 있는지 안다. 이를 '건설적 실패'라고 한다. 평범한 시각에서 보면 공을 떨어뜨리는 것이 실패처럼 보이지만, 공을 떨어뜨리는 과정은 높이 공을 던지기 위해 필요한 과정이다.

초지능을 발휘해서 살아가는 것은 지금까지 없던 길을 창조해내는 과정일 수 있다. 그 과정 속에서 겪는 실패와 좌절은 우리를 우울기로 이끌지도 모른다. 하지만 항상 이렇게 생각하자. '이 또한 지나가리라.'

당신이 열정적으로 시작했던 과정이 지나갔던 것처럼, 막다른 길을 마주한 것만 같은 순간도 지나가기 마련이다. 이 과정이 끝나고 성숙기로 접어드는 순간, 당신에게 남는 것은 창조적 자신감이다. 실패와 시련을 통해 이를 극복하는 방법을 배웠기 때문이다. 무에서 유를 창조하는 것이든, 유에서 새로운 유를 창조하는 과정이든 '할 수 있다'는 자신감이 생긴다.

삶의 과정을 안다는 것은 굉장히 중요하다. 내가 지금 어느 순간에 있는지 스스로 점검할 수 있게 되기 때문이다. 나 혼자만 겪는 일이 아니라, 누구나 삶을 살아가는 과정 가운데 겪는 일이라는 사실이 나의 힘든 상황을 극복하는 데 도움이 된다. 이를 통해 '지속성의 힘'을 깨달았다. 어떤 일이든 열정만 가지고 되는 일은 없다. 그 일은 지속되었을 때 비로소 빛을 발한다. 이 사실을 깨닫는 순간 당신이 성공의 길에 들어서는 것은 시간문제다.

여기서 주의해야 할 것이 있다. 일반적으로 사람들은 성공하고 원하는 만큼 돈을 벌고 나면 끝이라고 여긴다. 기본적으로 사람들의 생각은 그렇다. 하지만 어둠이 있기에 빛이 있는 것과 같이 세상은 항상 양면적이다. 빛이 강하면 어둠도 강해진다. 어둠의 그림자는 성공해가는 과정에서부터 나타나서 당신이 가장 성공에 취해있는 그 순간에 자신의 본모습을 드러낸다.

나는 부자가 되면 게임이 끝난다고 생각했다. 그런데 그게 아니었다. 바로 그 순간에 다시 아무것도 없었던 처음의 상태로 되돌아갈 수 있다는 점을 마음에 새겨야 한다.

배운 게 없고, 가난하며, 세상에 대한 분노만 가득할 때 무의식 속의 명령이 성공으로 이끄는 가장 중요한 열쇠가 된다. 반드시 성공해서 내가 원하는 삶을 살아가겠다' '지금처럼 시궁창 같은 현실에서 벗어나고야 말겠다' '강남에 빌딩을 사고, 벤틀리를 타고 다니면서 나의 잘남을 과시하겠다'와 같은 욕망은 강력한 성공 에너지가 된다.

아무것도 없는 상태에서는 이러한 욕망이 성공으로 이끈다. 성공으로 향하는 힘든 과정에서 나를 버틸 수 있도록 해주고, 내가 포기하지 않도록 만들어준다. 무엇보다 초지능을 발휘해서 전력을 다할 수 있도록 이끌어준다. 오직 단 하나의 목표만을 향해 달려가는 미친 말처럼, 목표를 이루기 위해 전속력으로 달려가는 것이다.

그러나 어느 정도 성장을 이루고 목표를 달성한 뒤에는 무의식의 욕망을 억제하고 의식을 고도화시키면서 균형을 이뤄야 한다. 너무 완벽주의에 집착하지 않아야 하고, 일이 아니라 가족과 함께 가장 많은 시간을 보내야 하며, 세상에 가난한 사람들을 도와주는 일을 해야 한다. 그래야 당신이 타인의 존경을 받고 균형 잡힌 시각으로 오랫동안 부를 향유할 수 있게 된다. 이러한 깨달음은 죽음에 대한 통찰로부터 나온다. 톨스토이는 죽음에 대해 이렇게 말했다.

"이 세상에 죽음만큼 확실한 것은 없다. 그런데 사람들은 거우 살이 준비를 하면서도 죽음은 준비하지 않는다."

그는 또 '죽음을 망각한 생활과 죽음이 시시각각으로 다가옴을 의식한 생활은 서로 완전히 다른 상태'라고 말했다. 전자는 동물의 상태에 가깝고, 후자는 '신의 상태에 가깝다'라고 말이다.

칙센트미하이는 죽음에 대한 공포야말로 최선의 삶을 살아갈 수 있는 중요한 원동력이 된다고 말했다. 스티브 잡스는 내일 죽을 것처럼 오늘을 살라고 했다. 이 모두 죽음에 대한 깊은 통찰을 보여주는 말이다.

죽을 때 후회하지 않는 삶이야말로 진정한 궁극적 초지능에 도달한 것이다. 처음에는 성장론의 5단계를 거치며 놀라운 성장을 이룩했지만, 결국 우리가 도달해야 하는 것은 죽음에 대한 통찰이다. 이 죽음에 대한 통찰만큼 최선의 삶을 추구하는 데 중요한 역할을 하는 것은 없다.

몽테뉴는 '철학을 공부하는 것은 죽기를 공부하는 것'이라는 말을 남겼다. 죽음이라는 개념이 없다면 삶이라는 개념도 성립할 수 없다. 우리는 모두 태어난 순간부터 죽음을 향해 나아간다. 그러므로 내가 살아있는 이 시간이 나에게 주어진 유일한 기회다. 이 순간에 온 힘을 다해서 살아가느냐 그렇지 못하느냐는 전적으로 자신에게 달려있다. 죽음에 대하여 내가 할 수 있는 유일한 것은 의미 있는 삶을 살아가는 것이다. 매일매일이 생동감 넘치고, 기쁨과 환희가 가득하며, 긍정적인 것들로 가득 찬 후회 없는 삶을 살아가야 한다. 오직 초지능에 다가선 사람들만이 그 놀라운 경험을 할 수 있게 된다.

자연의 거대한 질서 앞에서 우리 인간은 얼마나 작은 존재인가. 광대한 우주 공간 속에서 지구는 먼지 한 톨에 불과하고, 인간은 한 점 티끌에도 미치지 못하는 아주 작은 존재다. 그래서 우리는 투명하고 진정성 있으며 일관성 있게 살도록 노력하되, 어떤 상황에서도 강한 멘탈을 유지해야 한다. 그래서 매일 마음 편하게 잠자리에 들고, 양심에 떳떳한 삶을 살아가는 것이 중요하다. 신외무물 身外無物, 즉 결국 나이가 들수록 '몸' 이외에는 아무것도 남지 않는다.

우리 아이들이 그렇게 한 그루 한 그루의 나무로 성장해 나가는 것처럼, 우리의 삶도 이렇게 매일 성장해 나갔으면 한다. 변하는 것과 변하지 않는 것 중에서 변하지 않는 불변의 진리들을 모아 만들어진 독창적인 초지능 이론을 통해 사람들이 궁극적 성장을 이루길 바란다. 이것이 바로 내가 책을 쓴 이유다.

부록 1

궁극의 성장법 '액션 리딩' 실제 적용 사례:
빌 비숍 《핑크 펭귄》

지금부터 내가 《핑크 펭귄》에서 제시하는 내용을 어떻게 내 사업에 적용해서 실행했는지 자세하게 보여주고자 한다. 모든 책을 읽을 때 이렇게 적용해서 읽는 과정을 거치면 빠르게 성장을 이뤄 낼 수 있다.

첫 번째, 넘버원 고객 유형에 초점을 맞추어라.

> '대부분의 기업은 여러 유형의 고객과 거래한다. 제품을 팔 수만 있다면 고객이 누구든 아무 상관 없다는 식이다. 그러나 이런 식의 초점 결핍은 큰 문제가 될 수 있다. 고객의 눈에 전혀 전문가로 비치지 않기 때문이다. 중국집 창문에 소득신고도 대행한다는 광고가 붙어있다면 어떻게 보이겠는가? 무엇이든 다 하지만 특별히 잘하는 것이 없는 사업체로 보이기 십상이다. 따라서 어떤 고객과 거래하고 싶은지 분명히 정하고, 넘버원 고객 유형에 초점을 맞춰야 한다.'

내가 상대하고 싶은 최상의 고객 유형을 결정하고, 그곳에만 초점을 맞추는 전략이다. 나는 이 글을 읽고 초등학교, 중학교, 고등학교, 성인의 고객 중에서 오직 고등학교 학생들에게만 초점을 맞추었다. 내신, 수능, 토플, 토익, 텝스 중에서도 오직 수능만을 전문으로 했으며, 고1을 제외하고 고3,2,N수생을 대상으로만 수업한다. 그리고 더욱 시장을 좁혀서 3등급 이내의 성적을 인증한 학생들만 입학할 수 있도록 만들었다. 그렇게 '상위 1퍼센트 프리미엄 수능 영어 전문학원, 세움영어'가 탄생했다.

단언컨대 단 한 가지 고객 유형에게만 초점을 맞추기란 쉽지 않다. 처음에 내가 학원을 오픈했을 때 수많은 원장들이 나에게 한마디씩 했다. "원장님, 고등 영어 시장은 내신 안 하면 망해요. 처음이라 뭘 잘 모르시네." "다들 수능하고 내신을 같이 하는 이유가 있다니까. 사람 참 답답하네." 그러나 사실은 그 반대다. 그들은 평범한 펭귄들이었고, 내가 핑크 펭귄이었다. 코로나19로 인해 수많은 학원들이 문을 닫을 때 우리 학원은 매년 놀라운 성장을 거듭했다. 넘버원 고객 유형에 초점을 맞추는 전략은 여전히 유효하다.

두 번째, 고급 차별화로 매출을 늘려라.

제품이나 서비스에 더 높은 가격을 매기고 싶은가? 누구나 분명 그러고 싶을 것이다. 하지만 고객이 받아들이지 않을 것이란 생각이 들 것이다. 그렇다면 어떻게 해야 이 덫에서 벗어날 수 있을까? 고객을 잃지 않으면서 더 높은 가격을 책정하는 방법이 있을까?

다행히도 탈출구가 있다. 바로 구르메형(gourmet) 사업체가 되면 된다. 모든 것의 수준을 높이는 빅 아이디어를 패키징하는 것이다. 그렇게 마련한 구르메형 제품이나 서비스에는 이전보다 훨씬 더 높은 가격을 부과해야 한다는 사실을 잊지 말라. 예를 들어서 단순히 더 싼 보험 상품을 판매하는데 집중하는 게 아니라 '(자산) 안전 든든 솔루션'과 같은 특별한 프로그램을 개발하는 것이다. 그 프로그램에 1200달러 정도의 가격을 매겨 넘버원 고객 유형에게 제시하면 된다. 당신은 그 대가로 고객에게 충분한 시간을 투자하고, 그들의 자산에 관한 모든 리스크를 파악하도록 돕고, 이에 대비할 수 있는 전반적인 계획을 세워줄 수 있다. 또한 고객의 소유물에 대한 가치를 평가하고 보험금을 청구하게 될 경우에 대비해 사진을 찍어 보관하는 서비스도 함께 제공하는 것이 좋다.

이런 식으로 경쟁자들이 공짜로 제공하는 그 어떤 것보다 훨씬 큰 가치를 전달하는 프로그램을 구성하면 누구나 구르메형 사업자가 될 수 있다. 중요한 것은 모두가 최저가만 찾는 것은 아니라는 사실이다.

고객을 잃지 않으면서 가격도 올리는 고급화 전략에 대한 글이다. 높은 수준의 서비스와 경험, 가치를 제공하고 가격도 함께 올리는 것이다. 이 글을 읽고 내가 만들 수 있는 구르메형 패키지는 무엇이 있을지 고민하게 되었다. 세움영어가 고객에게 전달할 수 있는 가치는 무엇이 있는지 생각해 보는 것부터 시작했다.

세움영어의 강의는 메가스터디, 이투스, 대성마이맥 1타 강사들의 모든 강의를 듣고 분석해서 만들어졌다. 여기에는 내가 가진 모든 지식과 노하우뿐만 아니라 국내 모든 1타 강사들의 핵심 개념과 시험 전략, 성적 향상 공식까지 함께 적용되어 있다.

그뿐만 아니라 세움영어의 강의 교재는 수백 번에 걸친 기출 분석과 시중에 출간된 대부분의 어휘, 구문, 독해 교재를 분석해서 만들어졌다. 다른 교재를 볼 필요도 없이 세움영어의 교재만으로도 수능 영어에 필요한 모든 핵심 개념을 완성시키고, 고난도 킬러, 준킬러 지문들을 정복할 수 있도록 구성되어 있다. 여기에 오직 3등급 이상 성적을 받은 학생들 중에서 상위 1퍼센트 최상위권을 지향하는 학생들에게만 입학을 허락한다. 국내 최고의 강의와 교재를 제공하고 있는 만큼, 이러한 특혜를 받을 수 있는 학생들도 엄격하게 제한된다.

세움영어는 이러한 강의와 교재, 학습 분위기를 통해 지난 10년 연속 SKY/의치한의대 합격생을 배출하는 엄청난 대입 결과를 이뤄냈다. 최단기간/최다 마감 신화와 송파/잠실 전체에서 유일한 '수능 영어 전문 학원'이라는 타이틀은 이에 따른 자연스러운 결과일 뿐이다.

이러한 자신감을 바탕으로 세움영어의 모든 수업과 교재, 모의고사 콘텐츠를 제공하는 세움패스(구르메형 패키지)를 만들었다. 국내의 모든 1타 강사들의 강의를 무제한으로 들을 수 있는 메가패스(메가스터디) 보다 가격이 더 비싸다. 그래도 매년 엄청난 매출을 올리는 상품이 되었다. 만약《핑크 펭귄》을 읽지 않았다면 '세움패스'라는 구르메형 패키지를 완성시킬 수 없었을 것이다.

세 번째, 고객이 스스로 찾아오게 만들어라.

대부분의 펭귄은 원하지 않는 고객들과 거래한다. 왜? 돈을 벌려면 어떤 진상 고객과도 거래해야 한다고 믿기 때문이다. 그래서 대부분의 펭귄은 노예다. 돈을 지불한다는 이유로 판매자를 무시하는 고객들의 노예다. 하지만 당신은 노예가 되려고 사업을 한 것이 아니다. 우리가 모두 원하는 것은 자유다. 더 이상 노예 짓을 그만두고 고객으로부터 칼자루를 빼앗아와야 한다. 방법은 패키징이다.

더 이상 노예로 살고 싶지 않다면 당신의 고객에게 당신의 구르메형 패키지가 모두를 위한 게 아닌 특별한 사람들을 위한 것이라고 말하는 것이다. 이게 전부다. 그저 모두가 이용할 수 있는 게 아니라고 말하면 된다.

사람들이 가장 갖고 싶어가는 것은 가질 수 없게 될지도 모르는 무언가다. 그것이 인간의 본성이다. 당신의 구르메형 패키지가 모두를 위한 게 아니라고 명확하게 밝히면 당신의 고객들은 당신이 만들어놓은 특권 클럽에 들어갈 수 없게 될까 걱정하게 된다.

이 글을 읽고 난 뒤에 학원 공식 홈페이지 첫 번째 화면에 '1등급이 목표가 아니라면 나가셔도 좋습니다'라고 적어 놓았다. 이와 함께 '오직 상위 1퍼센트 최상위권을 지향하는 학생에게만 입학을 허락합니다'라는 말도 적어 놓았다. 처음에는 많은 고객을 놓칠까 봐 걱정했지만, 오히려 더 많은 사람들이 세움영어에 관심을 갖게 되었다.

학원 설립 이후 문의 전화가 왔던 학생 및 학부모의 데이터가 1만 건이 넘어서면서 개강 전에 우리 학원의 수강신청은 선착순이며, 수강신청에 성공하는 것이 얼마나 어려운지 알려주는 공지 문자가 발송된다. 책에 나온 대로 '돈을 낸다고 모두가 수업을 들을 수 있는 게 아니다'라는 것을 더 선명하게 강조하였다. 실제로 우리 학원은 시즌마다 수강신청 전쟁이 일어난다. 매 시즌마다 개강 알림 신청이 200건씩 누적되고 수강 신청 오픈 3분이면 모든 강의가 전타임 마감된다.

책에서 나온 것과 같이 한 번 이렇게 시스템을 만들면 사람들은 상위 1퍼센트 극상위권과 최상위권의 특권 클럽에 들어갈 수 없게 될까봐 걱정한다. 가질 수 없게 될지도 모른다고 여겨질 때 사람들은 비축 본능을 발휘하게 되고, 앞으로 손에 넣을 수 없을 거라는 두려움이 생기면 보다 더 많은 가치를 부여하게 된다.

네 번째, 고객의 자아상 패키징을 돕는다.

고객에게 '모두가 이용할 수 있는 것이 아니다'라고 말하는 것 외에 또 다른 패키징 방법이 있다. 잠재 고객으로 하여금 자아상을 패키징하고 강화하도록 돕는 것이다. 효과 만점의 기법이라는 점부터 명심하기 바란다. 방법은 고객들이 스스로 어떤 사람인지, 혹은 어떤 사람이 되고 싶은지 생각하도록 적절한 표현을 제공하는 것이다. 거듭 강조하지만 이것은 지금까지 개발된 그 어떤 것보다도 중요하고 강력한 마케팅 기법이다.

당신이 바라는 이상적인 고객의 특성을 확실하게 표현하는 것으로 시작하라. 예를 들면 당신의 이상적인 고객은 '영리하며 개방적이고 전향적으로 사고하며 전문가의 조언을 존중하고 높이 평가하는 누군가'라고 말하는 것이다.

그런 다음 당신의 프로그램을 훨씬 더 고급스럽고 배타적으로 보이도록 만드는 말을 덧붙여라. "우리의 새로운 구르메 프로그램은 아무나 이용할 수 있는 것이 아닙니다. 오직 영리하며 개방적이고 전향적으로 사고하며 전문가의 조언을 존중하고 높이 평가하는 고객만을 위한 것입니다. 만약 고객님이 여기에 해당하시면 이 새로운 구르메 프로그램에 관심을 가질 것입니다."

이미 책이 해주는 조언에 따라 행동해서 성공을 경험해 본 적이 있기에 이 글을 읽고 난 뒤에 홈페이지 첫 페이지에 고객의 자아상을 다음과 같이 명확하게 규정해 놓았다.

'세움영어는 오직 상위 1퍼센트 최상위권을 지향하는 학생들에게만 입학을 허락합니다. 성취에 대한 의지를 가진 학생들에게만 입학의 기회가 열려있으며, 1등급이 아닌 '만점'을 목표로 공부합니다.'

사람들은 대부분 자신이 그런 부류의 사람이라고 믿고 싶어 한다. 심리학적 연구에 따르면 사람들은 일단 자아상을 패키징하고 나면 본인이 그와 동일한 사람이라는 것을 증명하기 위해 많은 노력을 기울인다.

'세움영어의 수능 영어 강의는 아무나 수강할 수 없다. 고3/2/N수생 중에서 3개월 이내 전국 단위 모의고사 3등급 이상 성적표를 인증'해야만 수강이 가능하다. 그것도 엄청난 수강 신청 전쟁을 뚫고서 말이다. 그러면 고객은 더는 당신에게 이래라저래라 할 수 없는 상태가 된다.

이 책을 여기까지 읽은 당신은 지능이 높고, 성장을 지향하며, 전문가의 조언을 존중하는 유연한 사고를 지닌 사람이다. 그렇다면 당신은 이 책을 통해 엄청난 성장을 이루고, 성장을 필요로 하는 다른 사람들에게 알릴 것이다. 나는 흔들림 없이 그 사실을 믿는다.

다섯 번째, 고객이 진정으로 원하는 것을 주어라.

패키징의 핵심 원칙은 고객이 원하는 최상의 이득을 파악해 명확히 문장으로 표현하는 것이다. 그래야 당신과 당신의 빅 아이디어가 잠재 고객에게 보다 유의미해지고, 또 그래야 잠재 고객의 관심도 끌어낼 수 있다. 자, 당신의 넘버원 고객 유형이 찾는 최상의 이득은 무엇인가? 몇 가지 예를 들면 다음과 같다.

금융 서비스
- 2차적 이득: 돈을 버는 것
- 최상의 이득: 꿈꾸던 삶을 실현하는 것

의료 서비스
- 2차적 이득: 질병을 치료하는 것
- 최상의 이득: 건강한 생활방식을 향유하는 것

뷰티/패션 사업
- 2차적 이득: 멋지고 예뻐 보이는 것
- 최상의 이득: 자신에 대해 기분 좋게 느끼는 것

이 책을 쓰기 위해 《핑크 펭귄》을 다시 꺼내 읽었는데, 이 글을 읽으면서 아이디어가 샘솟아서 내 생각을 이곳저곳에 적어놓은 흔적이 있다. 내가 적어놓은 내용을 옮겨보자면 다음과 같다.

'학생들이 영어 수업을 듣는 이유는 수능 점수를 올리기 위해서다(2차적 이득). 하지만 최상의 이득은 원하는 대학에 합격하는 것이다.'

홈페이지를 통해 1등급을 받고 싶으면 세움영어에 오라는 문장(2차적 이득)과 함께 지난 10년 연속 수많은 상위 1퍼센트 극상위권 학생들과 SKY/의치대 합격생 배출한 결과(최상의 이득)를 함께 보여주고 있다. 그리고 홈페이지 내에서 합격생 결과는 엄청난 조회 수를 기록 중이다. 세움영어 공식 홈페이지를 방문하는 고객의 70퍼센트 이상은 합격생 결과를 클릭한다. 그만큼 고객은 최상의 이득에 관심이 많다.

여섯 번째, 고객의 변화를 진심으로 도와라.

대부분의 회사가 실패하고도 깨닫지 못하는 것은 고객의 변혁적 성공이다. 고객이 원하는 궁극적 최상의 이득은 기존의 모습에서 탈피해 많은 면에서 새로운 면모를 갖추는 변혁이다. 고객이 그러한 변혁을 성취하도록 도와야 한다는 것을 아는 사업가는 실로 극소수에 불과하다. 당신의 회사를 고객의 변혁을 돕는 조직으로 보게 되면 당신은 무한한 빅 아이디어의 샘에 다가서게 된다. 진심으로 고객이 최상의 이득을 얻도록 노력해야 한다.

이 글을 읽으면서 정말 많이 공감하고, 나 자신을 반성했다. 나를 포함한 많은 사람들이 놓치고 있는 것은 고객의 변혁적 성공이다. 말만 그럴싸하게 포장해놓고, 실제 고객의 변화는 이끌어내지 못한다면, 사업은 곧 실패하고 말 것이다. 헬스장에 가서 PT를 처음 등록할 때에는 원하는 어떤 몸이든 다 만들어줄 것처럼 설득한다. 그러나 실제 몇 번 운동을 하고 나면 처음에 약속한 몸을 만드는 데는 큰 관심이 없고, 그냥 타성에 젖어서 가르친다. 본인에게 돈을 공급할 새로운 고객에게만 관심을 기울이는 사람들이 많다는 것만 봐도 처음에 약속한 최상의 이득을 제공하고, 실질적인 변화를 이끌어낼 수 있는 사업가는 실로 소수에 불과하다.

감사하게도 매년 수능이 끝나면 정말 많은 학생과 학부모님들로부터 진심 어린 감사의 인사를 받는다. 이 수치는 매년 대략 60퍼센트 이상이며, 세움영어 블로그와 홈페이지를 통해 수백 건에 달하는 진심 어린 감사 인사와 성적 향상 후기를 확인해 볼 수 있다. 세움영어는 말과 행동을 일치시키는 극소수의 기업 중 하나가 되기 위해 노력하며, 이 글을 쓰면서도 다시 한번 다짐한다.

일곱 번째, 마지막 5퍼센트!

패키징의 진정한 의도는 무언가의 진정한 가치를 사람들이 쉽게 이해할 수 있도록 돕는 것이다. 이러한 패키징을 어떻게 이용하면 강력한 브랜드를 만들 수 있을까? 그건 당신이 고객을 변혁시키는 모든 단계를 기록해서 단계적 시스템으로 패키징한 다음에 거기에 이름만 붙이면 된다.

그렇게 하면 당신의 사업이 속한 시장에서 많은 사람들이 당신의 사업체를 알고 있고, 고객의 머리와 가슴에 '적절한' 생각과 느낌을 일깨워 줄 수 있다. 여기서 '적절하다'는 것은 우리가 무엇을 하고 어떻게 남들과 다르며 어떻게 도움을 줄 수 있는지 고객들이 진정으로 이해한다는 의미다.

결국 이 글의 핵심 질문과 대답은 이것이다. 브랜드를 '강력하게' 만드는 것은 무엇인가? 고객의 머릿속에 확실한 포지셔닝이 떠오르게 만든다는 것이다. '세움영어'를 떠올리면 '상위 1퍼센트 극상위권과 최상위권을 위한 수능 영어 전문학원'이 연상된다. 여기에 소수 정예로 내신 기간에도 휴원하지 않고 오직 수능 전문으로만 운영하는 곳은 송파, 잠실, 대치를 통틀어서 세움영어가 유일하다.

송파, 잠실에서 내신 수업이 없는 수능 영어 전문학원으로는 세움영어가 유일하며, 대한민국 교육의 중심지 대치동에도 메가 러셀, 시대인재와 같은 극소수의 수능 전문학원을 제외하고는 대부분 내신 위주의 학원이다. 하지만 대치동의 극소수 수능 전문학원들은 성적과 관계없이 수강이 가능하고, 대형 강의 시스템이며,

내신 기간에는 휴원한다. 따라서 아무리 인터넷을 찾아봐도 '상위 1퍼센트 최상위권을 위한 소수 정예 수능 영어 전문학원'은 세움 영어가 유일하다. 이게 바로 강력한 브랜드를 만드는 힘이다.

이처럼《핑크 펭귄》이라는 단 한 권의 책을 읽고서도 '액션 리딩'을 적용하면 엄청난 성장을 이룰 수 있다. 세움영어는 4명 정원의 작은 학원으로 시작해서 지금은 전국에서 오는 수강생들로 수강 신청 시작 3분 만에 전 타임 마감되는 학원으로 성장했다.

이 책에서 제시한 성장의 5단계를 통해 나는 성공한 지식 창업자로서의 삶을 살아가고 있다. 지금부터 그 삶의 모습을 하나씩 보여주고자 한다. 이 책을 통한 '액션 리딩'을 실천하고 성장을 이루는 데 도움이 되길 바란다.

첫 번째로 언제, 어디서든지 일을 할 수 있다. 다른 사람들과 달리 매일 아침 새벽 6시 반에 일어나서 지하철을 타고 회사로 이동하지 않는다. 노트북과 필요한 서류만 있으면 매일 집 앞에 있는 스타벅스에서도 나만의 일을 처리할 수 있다. 내가 움직이는 공간이 곧 사무실이 될 수 있는 것이다. 인터넷이 연결되는 곳이라면 전 세계 어디서라도 일할 수 있는 자유를 가지고 있다.

삶이라는 무대 위를 담대하게 춤추며, 나의 영혼이 이끄는 방향을 따라 살아가는 자유를 누린다. '이 순간을 살자'라는 의미의 라틴어 '카르페 디엠Carpe Diem'이라는 말을 사랑한다. 지금 이 순간만이 나의 존재를 확신할 수 있는 유일한 시간이다. 지금 이 순간에는 강력한 힘이 있다. 삶에서 중요하지 않은 것들에 파묻혀 살아가는 것을 거부했다. 지금 이 순간은 곧 사라지기 때문이다. 10년 후에 내 삶을 돌아보게 되었을 때, 어쩔 수 없이 출근해야 하는 압박감 속에 새벽 6시 알림을 끄고 일어나는 삶을 살아갈 것인가 묻는다면 당당하게 '아니요'라고 대답할 것이다.

두 번째로 내가 원하는 사람과 함께 일할 수 있다. 가기 싫은 회식을 억지로 가지 않아도, 매일 끊임없이 이어지는 야근과 회의에 참석하지 않아도 된다. 누군가를 비난하며 내 삶이 그로 인해 망가졌다고 하소연할 필요도 없다. 나는 내가 원하는 나만의 삶을 주체적으로 살아가고 있을 뿐, 누구의 간섭도 받지 않는다. 그렇기에 내가 원하는 사람과 함께 시간을 보낼 수 있다.

매일 누군가를 위해 좋은 일을 하려고 노력한다. 이는 내가 원하는 사람과 함께 일할 수 있기에 누릴 수 있는 특권이다. 삶은 언제나 내가 쓴 에너지만큼 돌려받는다. 내가 좋은 사람들과 함께 어울리며 긍정적인 에너지를 사용한다면 내 삶은 갈수록 더 풍요로워질 것이다. 반대로 내가 원하지 않는 사람들과 함께 누군가를 비난하고, 비판하며, 불평과 불만으로 가득 찬 부정적인 에너지를 내뿜는다면 내 삶은 갈수록 더 빈곤해질 것이다. 당연히 전자를 택했고, 현재 누구보다 행복하게 살아가는 중이다.

세 번째로 내가 전달하는 가치만큼 돈을 받는다. 일한 만큼 돈을 받지 않는다. 나의 가치만큼 돈을 번다. 타인이 나에게 '연봉 6,400만 원'이라고 규정하는 것이 아니라, 나의 가치는 나 스스로 결정하고 발전시킨다. 타인에 의해 수동적으로 규정되는 삶이 아니라, 내 스스로가 주체적으로 결정하는 삶을 살아가는 것이다. 그렇기에 내가 벌 수 있는 돈에는 한계가 없다. 내가 나의 가치를 결정하기 때문이다.

내가 나의 가치를 결정하는 순간부터, 삶이라는 무대의 주인공은 나 자신이 된다. 이 무대는 우리가 숨 쉴 수 있는 공간이자, 나 자신과 다시 이어지는 기회의 공간이다. 물론 '안정'이라는 벽 앞에 조용히 앉아 자기 의심과 두려움의 그늘에 머물 수도 있지만, 나는 내디뎌보지 못한 삶으로 한 발짝 한 발짝 발을 내딛는 삶을 살기로 결정했다. 삶은 오직 단 한 번뿐이다. 단 한 번 사는 삶을 타인의 손에 쥐여줄 수 없다고 생각했다. 내가 내 삶의 주인이 되는 순간, '첫 키스의 순간'처럼 모든 것이 홀연히 완벽하게 조화로워지는 느낌을 받는다.

네 번째로 많은 팀원과 조직이 필요하지 않다. 그러므로 내가 마음을 먹으면 지금이라도 당장 시작할 수 있다. 혼자 시작해서 지금은 10명이 넘는 사람들과 함께 일하고 있다. 성공한 사람들은 자신과 같은 방향을 바라보는 사람들과 함께 일하는 경우가 많다. 하지만 이들도 처음에는 혼자 시작했다는 사실을 잊어서는 안 된다. '시작은 미약하나 그 끝은 창대하리라'라는 믿음은 수많은 성공한 사람들에 의해 증명된 사실이다.

마지막으로 세상에서 가장 열정적이고 에너지 넘치는 사람들과 함께 일하고 있다. 내가 가진 지식과 경험을 나누고 다른 사람들이 성공하도록 돕는 일은 예술과 같다. 이는 사람의 영혼 속에 잠들어있는 열정에 불을 붙이고, 세계 속에서 자신만의 가치 있는 목소리를 내도록 한다. 이러한 열정이 수많은 사람들에게 영감을 불어넣고, 자신만의 특별한 존재 의미를 찾도록 하며, 이 땅에 내가 존재하는 이유에 대해서 생각해 보게 한다. 이 일을 통해 함께하는 가치를 찾을 수 있으며, 나를 매일매일 성장하도록 해준다. 무엇보다도 개인적인 성장과 물질적인 번영을 함께 이룰 수 있다.

영어에 대한 지식을 전하고 사람들을 성장시키는 사람으로서 누구보다 행복한 삶을 살아가는 중이다. 처음부터 이렇게 행복하게 살았던 것은 아니다. 새로운 길을 개척해 나가고, 무에서 유를 창조하는 과정은 쉬운 일이 아니다. 하지만 아무도 해보지 않았기에 오히려 무한한 가능성이 있다.

'나는 자신에게 한계를 두고 있지는 않은가?' 우리가 자신에게 진지하게 던져봐야 할 질문이다. 우리에게 주어진 한계란 없다. 오직 스스로 정해 놓은 한계만이 존재할 뿐이다. 내가 나를 믿지 않으면, 세상 누구도 당신을 믿어주지 않는다. 우리는 무한한 세계를 창조할 능력을 갖추고 태어났다는 사실을 늘 기억하자.

부록 2

1,000권의 자기 계발서를 읽은 베스트셀러 작가가 엄선한 분야별 추천 독서 목록

돈을 버는 방법: 순자산 10억은 아래 제시한 책 6권만 내 삶에 적용해도 충분하다.

《돈의 속성》, 김승호 지음, 스노우폭스북스

《생각의 비밀》, 김승호 지음, 황금사자

《부의 추월차선》, 엠제이드마코 지음, 토트

《부자아빠 가난한 아빠》, 로버트 기요사키 지음, 황금가지

《나는 4시간만 일한다》, 팀 페리스 지음, 다른상상

《백만장자 메신저》, 브렌든 버처드 지음, 리더스북

마케팅: 사업에서 월 순수익 3,000만 원은 아래 제시한 책 4권만 반복해서 봐도 충분하다.

《핑크 펭귄》, 빌 비숍 지음, 스노우폭스북스

《마케팅 설계자》, 러셀 브런슨 지음, 윌북

《브랜드 설계자》, 러셀 브런슨 지음, 윌북

《변하는 것과 변하지 않는 것》, 강민호 지음, 턴어라운드

심리학: 아래 제시한 책 5권만 통달해도 인간에 대한 이해가 훨씬 깊고 풍부해질 수 있다.

《당신의 뇌는 최적화를 원한다》, 가바사와 시온 지음, 쌤앤파커스

《인스타브레인》, 안데르스 한센 지음, 동양북스

《설득의 심리학1,2》, 로버트 치알디니 지음, 21세기북스

《정리하는 뇌》, 대니얼 J.레비틴 지음, 와이즈베리

《욕망의 진화》, 데이비드 버스 지음, 사이언스북스

성장론: 아래 제시한 책 7권이면 다른 자기 계발서를 100권 이상 읽는 효과가 있다.

《원씽》, 게리 켈러, 제이 파파산 지음, 비즈니스북스

《몰입》, 황농문 지음, RHK 코리아

《비상식적 성공법칙》, 간다 마사노리 지음, 생각지도

《타이탄의 도구들》, 팀 페리스 지음, 토네이도

《10배의 법칙》, 그랜트 카돈 지음, 부키

《멈추지 마 다시 꿈부터 써봐》, 김수영 지음, 위즈덤하우스

《오리지널스》, 애덤 그랜트 지음, 한국경제신문

참고문헌

- 《원씽》, 게리 켈러, 제이 파파산 지음, 비즈니스북스

- 《폴리매스》, 와카스 아메드 지음, 안드로메디안

- 《컨테이저스 전략적 입소문》, 조나 버거 지음, 문학동네

- 《클루지》, 개리 마커스 지음, 캘리온

- 《천 원을 경영하라》, 박정부 지음, 쌤앤파커스

- 《당신은 사업가입니까》, 캐럴 로스 지음, 알에이치코리아

- 《당신의 뇌는 최적화를 원한다》, 가바사와 시온 지음, 쌤앤파커스

- 《스타벅스를 이긴 토종카페 카페베네 이야기》, 강훈 지음, 다산북스

- 《공부 9단 오기 10단》, 박원희 지음, 김영사

- 《사피엔스》, 유발하라리 지음, 김영사

- 《노이즈 : 생각의 잡음》, 대니얼 카너먼 지음, 김영사

- 《부자 아빠 가난한 아빠》, 로버트 기요사키 지음, 황금가지

- 《브랜드 설계자》, 러셀 브런슨 지음, 윌북

- 《타이탄의 도구들》, 팀 페리스 지음, 토네이도

- 《레버리지》, 롭 무어 지음, 다산북스

- 《정리하는 뇌》, 대니얼 J.레비틴 지음, 와이즈베리

- 《욕망의 진화》, 데이비드 버스 지음, 사이언스북스

- 《호모데우스》, 유발 하라리 지음, 김영사

- 《가난하다고 꿈조차 가난할 수는 없다》, 김현근 지음, 사회평론

- 《주식천재가 된 홍 대리》, 최승욱 지음, 다산북스

- 《마케팅 설계자》, 러셀 브런슨 지음, 윌북

- 《사장학개론》, 김승호 지음, 스노우폭스북스

- 《인간본성에 관한 10가지 이론》, 레슬리 스티븐슨, 데이비드L. 헤이버먼 지음, 갈라파고스

- 《성욕에 관한 세 편의 에세이》, 지그문트 프로이트 지음, 열린책들

- 《나는 차라리 부동산과 연애한다》, 복만두 지음, 21세기북스

- 《나는 경매로 연봉만큼 번다》, 황지현, 송창섭 지음, 김영사

- 《무역 천재가 된 홍 대리》, 이기찬 지음, 다산북스

- 《회계 천재가 된 홍 대리》, 손봉석 지음, 다산북스

- 《경매 천재가 된 홍 대리》, 배중렬 지음, 다산북스

- 《설득의 심리학》, 로버트 치알디니 지음, 21세기북스

- 《비상식적 성공법칙》, 간다 마사노리 지음, 생각지도

- 《월급쟁이 부자로 은퇴하라》, 너나위 지음, RHK 코리아

- 《지식을 돈으로 바꾸는 기술》, 장진우 지음, 함께북스

- 《비즈니스》, 스테로이드 포리얼(김준영) 지음, 마인드셋

- 《슈퍼휴먼》, 데이브 아스프리 지음, 베리북

- 《나는 한 번 읽은 책은 절대 잊어버리지 않는다》, 카바사와 시온 지음, 나라원

- 《슈퍼노멀》, 주언규 지음, 웅진지식하우스

- 《아웃라이어》, 말콤 글래드웰 지음, 김영사

- 《생각의 비밀》, 김승호 지음, 황금사자